Stefan Angehrn

Plan B:

Wie man seine Schulden auf null bringt

Mosaik bei
GOLDMANN

Stefan Angehrn

Plan B: Wie man seine Schulden auf null bringt

Der Ratgeber von einem,
der es wissen muss

Mosaik bei
GOLDMANN

Dank:

Renata, Pat, Kim, Mel, Joy Angehrn · Sonja + Marcel Angehrn · Rico Brazerol · Betina Campell · Franco Carlotto · George Clooney · Thomas Dinkel · Kai Ebel · Christoph Fischer · Daniel Fischer · Lisa Fitz · André Fuchs · Rolf Gehriger · Helmut-Maria Glogger · Paulus Grolimund · Daniel Gutenberg · Martin Hafter · Paul Hausammann · Viktor Heer · Holger Heims · Klaus Hofmeister · Fige Hollenstein · Michel Jordi · Don King · Vitali Klitschko · Hansruedi Knöpfli · Cleo Kretschmer · Rainer Kuhn · Niki Lauda · Sabine Leutheusser-Schnarrenberger · Fabienne Marchand · Pasquale Marotta · Thomas Matter · Lothar Matthäus · Dariusz Michalczewski · Karl Müller · Adolf Ogi · Hans Ott · Marco Rima · Ellen Ringier · Christine Rocchigiani · Graziano Rocchigiani · Ralf Rocchigiani · Jürg Rothen · Yves Sauter · Herbert Scheibner · Maximilian Schneider · August Singenberger · Anoop Singh · Thomas Stein · Marc Surer · Carlo Thränhardt · Ebby Thust · Beatrice Tschanz-Kramel · Liliane Völlmin · Erich von Däniken · Otto Waalkes · »Black« Wagner · Kurt Weber · Oliver Wolfensberger · Ida Würmli

Umwelthinweis:
Dieses Buch und der Schutzumschlag wurden auf chlorfrei gebleichtem Papier gedruckt. Die Einschrumpffolie (zum Schutz vor Verschmutzung) ist aus umweltfreundlicher und recyclingfähiger PE-Folie.

1. Auflage

Textbearbeitung: Robert Griesbeck
Redaktion: Annette Baldszuhn
Umschlaggestaltung: Eisele-Grafikdesign, München
Unter Verwendung eines Fotos von: Jason Hetherington/Getty Images
Satz: Buch-Werkstatt GmbH, Bad Aibling
Illustration: Lubov Itskovitch/Buch-Werkstatt GmbH, Bad Aibling
Druck und Bindung: GGP Media GmbH, Pößneck
Printed in Germany
ISBN 3-442-39076-1
www.goldmann-verlag.de

Inhalt

Sabine Leutheusser-Schnarrenberger, Bundesjustizministerin a. D., Bundestagsabgeordnete und Rechtsanwältin

Millionen Privathaushalte sind total überschuldet. Ihre finanzielle Situation ist ziemlich hoffnungslos und eine Abhilfe schaffende Gelddruckmaschine weit und breit nicht in Sicht. Wer sollte die denn auch bezahlen!
Plan B von Stefan Angehrn wird zur bezahlbaren Alternative. Er schafft in scheinbar auswegloser Lage Mut, spornt an und weckt ungeahnte Kräfte, das schier Unmögliche möglich zu machen.
Als Bundesjustizministerin habe ich lange für die »Privatschuldnerbefreiung« gekämpft und mit den entsprechenden Änderungen der Insolvenzordnung erstmals einen Einstieg in den Ausstieg aus der Schuldenfalle geschaffen.

Plan B gibt mehr her. Nicht nur der Weg zur schonungslosen Ist-Analyse – für einen weltmeisterlichen Boxer sehr glaubwürdig – wird zum Muss beim Einstieg, sondern es werden auch erreichbare Ausstiegsszenarien aufgezeigt. Es muss kein Paragraphen-Dschungel durchforstet werden, der Leser muss »nur« die innere Bereitschaft zur Offenheit, Einsicht und Tatkraft mitbringen. Nacheifern reicht völlig. Psychisch wird es dem Leser mit seinem Schuldenberg sofort besser gehen. Dem Leser ohne Schuldenberg werden unterhaltsame Stunden für wenig Geld beschert. *Plan B* bietet für jeden etwas. Unsere Zeit braucht mutige Menschen mit Idealen als Wegbereiter!

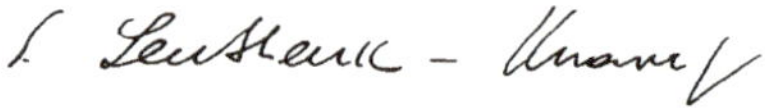

Adolf Ogi, Schweizer Altbundespräsident und UNO-Sonderbeauftragter für Sport im Dienste von Entwicklung und Frieden

Stefan Angehrn war schon während seiner aktiven Zeit als Berufsboxer ein mutiger Mann. Aus meiner Zeit als Politiker weiß ich, wie viel Mut es braucht, einem Gegner »Auge in Auge« gegenüberzustehen und auch dann aufrecht zu bleiben, wenn es mal nicht so gut läuft, wie man es gedacht hatte.

Stefan Angehrn hat als Boxer große Erfolge für die Schweiz gefeiert und unserem Land durch seine zwei Weltmeisterschaften gegen Ralf Rocchigiani und durch den großartigen Sieg über Olympiasieger Thorsten May international sehr viel Anerkennung eingebracht.

Leider lief es mit dem Familienunternehmen Angehrn finanziell nicht so gut wie sportlich, sodass die erfolgreiche Karriere im Jahr 2000 mit einem riesigen Schuldenberg endete.
Was aber die Angehrns als Familie in den letzten vier Jahren geleistet haben, ist bewundernswert und vorbildlich.
Wir Schweizer sind stolz, solche Kämpfer in unseren Reihen zu haben, und ich wünsche den Angehrns für ihre weitere Zukunft alles Gute. Ich hoffe, dass sehr viele Menschen in ähnlichen Situationen sich an »Stef« ein Vorbild nehmen können und ihr Leben mit Hilfe von *PLAN B wieder in die rechte Bahn und zurück ins Glück werden lenken können.*

In der roten Ecke:

Name:	Stefan Angehrn
Alter:	Jahrgang 1964
Größe:	188 cm
Gewicht:	86 kg
Beruf:	Boxer (Normalausleger)
Familienstand:	verheiratet seit 16 Jahren, vier Kinder (8/12/14/25)
Titel:	1998 IBF-Intercontinental-Champion Cruisergewicht (1988 Schweizer Meister bei den Amateuren)
Kämpfe:	36 als Amateur, 25 als Profi, 9 Niederlagen insgesamt
Schulden:	424.000 Schweizer Franken im Mai 2000

»Ich weiß nicht, was die Leute wollen: Uns geht's doch gut!« »Aber die 40 Deutschen sind pro Kopf zehnmal so hoch verschuldet wie die Bulgaren!« »Aber die Bulgaren haben auch keine Fotohandys, Mikrowellenherde, Entertainment-Center, Zweitwagen und so was.« »Wenn sie erst zehnmal so hoch verschuldet sind wie heute, haben sie das alles auch.«
Gespräch in der U-Bahn

»Ich bin im Lauf meiner Karriere nie K.O. gegangen und habe meine Schulden bis heute fast komplett getilgt. Ohne reichen Onkel aus Amerika und ohne Lottogewinn.«

In der blauen Ecke:

Das unberechenbare Leben

Einmal in seinem Leben hat sich der gute Bertolt Brecht mindestens geirrt, als er nämlich geschrieben hat:

»Ja mach nur einen Plan,
sei nur ein großes Licht,
dann mach noch einen zweiten Plan –
geh'n tun sie beide nicht!«

Der zweite geht.
Das kann ich Ihnen beweisen, wenn Sie wollen. Und vielleicht können Sie meinen Plan B in Ihr Leben einbauen, wenn auch Sie Schulden haben – oder wenn Sie niemals in eine Schuldenfalle tappen wollen.

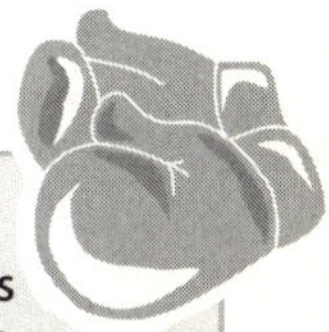

Tipp: Das Allerwichtigste im Leben ist der zweite Plan
Viele haben nicht einmal einen ersten Plan – einen Plan A. Das heißt, sie haben niemals beschlossen, diesen oder jenen Beruf zu ergreifen, zu heiraten oder nicht, Kinder zu kriegen, ein Haus zu bauen und sich später auf den Malediven zur Ruhe zu setzen. Sie leben vor sich hin und machen das Beste daraus. Das ist auch gut. Das kann klappen. Man braucht keinen Plan A – aber man braucht ganz dringend einen Plan B. Wie jeder Fallschirmspringer einen Reservefallschirm hat, sollten Sie sich einen Notfallplan zurechtlegen. Für eine mögliche Überschuldung!

Zuerst sollte ich mich vorstellen. Ich heiße Stefan Angehrn, bin geborener Schweizer, genauer gesagt Thurgauer, und meine Geschichte – soweit sie für Sie interessant ist – begann in Frauenfeld, der Hauptstadt des Thurgaus, südlich angrenzend an den Bodensee.
Ich war 15 Jahre alt, und ich hatte immer schon eine große Klappe. Manche sagen, die hätte ich noch heute. Wenn es Freunde sind, macht mir das

»Ich werde eisern sparen und im Jahre 2006 einen ausgeglichenen Haushalt vorlegen.«
Hans Eichel, Bundesfinanzminister

nichts aus. Die anderen sagen mir das sowieso nie ins Gesicht.
Ich war also mitten in der Pubertät und streunte mit einer Bande Gleichgesinnter durch die Gassen von Frauenfeld und Winterthur. Wir waren keine wirklich schlimmen Jungs, wir versuchten nur so zu tun. Frauenfeld ist eben nicht Los Angeles, und bei uns in der Schweiz reicht es schon, um Mitternacht mit Bierdosen auf dem Bahnhofsplatz zu kicken, damit man »so einer« ist. Wir hatten ein paar Schlägereien, oft Polizeibesuch, stramme Besäufnisse und regen Mädchenbesuch – aber wir waren nicht wirklich böse.
Irgendwann wurde ich sogar der Chef der Gang, obwohl die anderen alle älter waren. Warum das so war, darüber habe ich damals nicht nachgedacht. Ich fand das ganz normal. Wenn wir Streit mit einer anderen Gang bekamen, riss ich einfach meine große Klappe auf und gab den Jungs zu verstehen, dass sie es gerne mal ausprobieren könnten. Ich machte ein paar eindeutige Bewegungen, die ich aus Kung-Fu-Filmen kannte, und die anderen zogen wieder ab. Das reichte sogar für 35-jährige Schränke mit 120 Kilo, man staune.

Das ging etwa ein Jahr gut, bis mich irgendwann einmal sechs ältere Kerle allein in einer dunklen Ecke stellten. Ich hatte meine große Klappe diesmal wohl zu weit aufgerissen, und jetzt war es ihnen egal, ob ich kämpfen konnte wie Bruce Lee. Konnte ich übrigens gar nicht.
Das stellte sich schnell heraus, und nach ein paar Sekunden lag ich am Boden und gab eine prima Zielscheibe für ihre Stiefelspitzen ab. Wahrscheinlich hätten mich die sechs böse zugerichtet, wenn nicht plötzlich aus dem Dunkel meine Rettung aufgetaucht wäre. Zusammengekauert versuchte ich nur

meinen Kopf zu schützen, als ich diese Geräusche hörte. Es klang, wie wenn ein Fleischer mit seinem Schlegel Schnitzel platt schlägt. Ich schaute auf und sah zwei von den Kerlen neben mir liegen, die anderen liefen davon. Der Typ hatte sie einfach umgehauen, ganz ohne Handkantenschläge, Tritte und Schnickschnack.
Aber das erfuhr ich erst später, als er mich nach Hause gebracht und ich ihm meine Geschichte erzählt hatte, so gut das eben mit verschwollenen Lippen geht. Er schüttelte den Kopf und meinte: »Du musst was tun, Kleiner. Sonst kriegst du immer wieder was auf die Fresse!« Der das sagte, war der damalige Schweizer Amateurmeister im Leichtgewicht.

Ein guter Boxer muss Mut haben, Schnelligkeit, ein gutes Auge, Kraft, Durchhaltewillen, Konzentration, Überblick und Fairness. Später habe ich gemerkt, dass das auch die Qualitäten eines guten Schuldners sein sollten.

Der Beginn meiner Boxerkarriere

Mein Retter nahm mich gleich am nächsten Tag mit ins Boxtraining, und ich war von diesem Sport sofort begeistert. Ein guter Boxer muss all das haben, was ich – ohne damals schon daran zu denken – als wichtige Eigenschaften eines Menschen verstehe: Mut, Schnelligkeit (im Kopf und in den Fäusten), Stärke (mental und körperlich), Überblick, Konzentration, Fairness und Durchhaltewillen. Ein guter Boxer muss immer wieder aufstehen wollen. Und ein sehr guter Boxer wird immer wieder aufstehen können. So verstand ich das Leben, und so verstehe ich es heute noch. Man darf schon mal verlieren, aber danach muss man an den nächsten Kampf denken. Ich wurde mit 18 Boxer, doch damals konnte ich noch nicht ahnen, welche seltsamen Kämpfe es in meinem Leben geben würde.
Boxen ist kein Beruf. Ich trainierte und absolvierte ein paar Kämpfe als Amateur, ich gewann die meisten und wurde immer besser, aber mit Boxen ver-

dient man kein Geld. Nicht als Amateur und vor allem nicht in der Schweiz. Zum Geldverdienen arbeitete ich als Gipser auf dem Bau, jobbte als Discjockey und Kellner – und lernte Renata kennen. Wir heirateten 1988, und meine Frau brachte dasselbe wie ich mit in die Ehe: ein leeres Bankkonto. Ein guter Start, wie wir beide fanden, denn so konnte schließlich keiner später behaupten, der andere hätte es nur auf sein Geld abgesehen.

»Manchmal komme ich mir vor wie eine Bank!«
Vitali Klitschko, Weltmeister im Schwergewicht

Etwas anderes brachte mir Renata auch bei: dass es nämlich Menschen gibt, die keine Ahnung vom Boxen haben. Vielleicht gehören Sie auch dazu, aber es hilft nichts – da müssen wir jetzt zusammen durch! Denn jetzt erzähle ich Ihnen, wie ein Boxer zu richtig dicken Schulden kommen kann.

Ein Jahr nach unserer Hochzeit beschloss ich, Profi zu werden. In Deutschland waren Boxer wie Henry Maske und Axel Schulz gerade groß im Kommen, und mein Sport war der neue Liebling des Privatfernsehens. Ich rechnete mir gute Chancen aus, an ein paar dicke Börsen heranzukommen. Das war

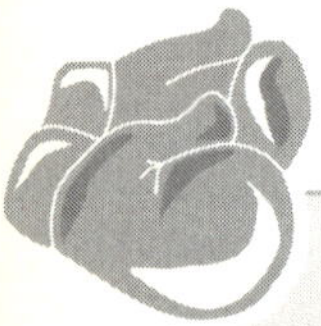

Tipp: Kontrollieren Sie ständig, ob Plan A noch klappt.
Machen Sie mindestens einmal in der Woche den Kapitaltest: Wie viel haben Sie gerade auf dem Bankkonto? Kontrollieren Sie gleich, entweder per Online Banking, Kontoauszugsdrucker oder an einem Geldautomaten. So werden Sie sich daran gewöhnen, Ihren Kontostand ebenso automatisch zu kontrollieren wie Ihr Gewicht. Schließlich ziehen Sie auch die Notbremse, wenn Sie zu dick werden.

mein Plan. Mein Plan A jedenfalls, doch das wusste ich damals noch nicht.
Profiboxer müssen trainieren, jeden Tag mindestens

vier Stunden, und das kostet nicht nur Schweiß. Das kostet richtig Geld. Mit den Jobs am Bau war das nicht mehr zu machen. Ich sattelte auf Versicherungskaufmann um, trainierte zuerst in Genf und später in Bern und versandte 500 Bittbriefe an mögliche Sponsoren. Die Ausbeute war karg. Drei Privatleute schickten mir insgesamt 850 Schweizer Franken, 21 Firmen sagten schriftlich ab – und der Rest meldete sich überhaupt nicht.

Inzwischen kam der erste Profikampf. Ich siegte und erhielt stolze 500 Franken, den zweiten Kampf verlor ich und bekam 800 Franken. Es ist eben eine alte Boxerweisheit, dass die Börse nichts damit zu tun hat, ob man gewinnt oder verliert.

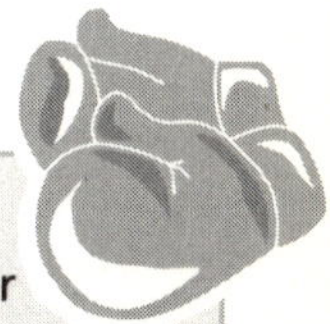

Schuldnerzahlen

Drei Gutachten gab die Bundesregierung seit dem Ende der 80er Jahre zur Überschuldung in Auftrag, was deutlich macht, dass Schulden von der Politik als Problem wahrgenommen werden. 1988 waren 1,2 Millionen Haushalte in Westdeutschland überschuldet, Mitte der 90er Jahre waren es 1,5 Millionen in den alten Bundesländern und immerhin 500.000 in den neuen – 1999 stieg die Zahl auf 2 Millionen im Westen und 800.000 im Osten. Zurzeit sind mehr als 3 Millionen Haushalte in ganz Deutschland überschuldet. Tendenz: schnell steigend!

Die nächsten elf Jahre waren ein ständiges Auf und Ab, eine Zeit, die mir viel gebracht hat, die mich aber auch viel gekostet hat. Insgesamt etwa eine Million Schweizer Franken, wenn ich alle meine Schulden über diesen Zeitraum zusammenzähle. Im Jahr 2000 jedenfalls, als ich die Profihandschuhe an den Nagel hängte, machte ich mit meiner Frau Kassensturz: 424.780,55 Franken minus waren das vor-

läufige Ergebnis einer Boxerkarriere, die ebenso gut mit ein paar Millionen im Plus hätte enden können, wenn ich zum Beispiel in Deutschland geboxt hätte. Immerhin jedoch hatte ich etwas, das man mir nie wieder nehmen konnte: Ich war der erfolgreichste Schweizer Boxer des 20. Jahrhunderts – und ich war pleite.
Jetzt hatten wir die Wahl, Privatkonkurs anzumelden oder die Schulden zurückzuzahlen. Aber wenn ich etwas beim Boxen gelernt habe, dann das: Gib nie auf – die Einzigen, die das Handtuch werfen, sind dein Trainer und der Ringrichter.

»Nur die Schulden, die man leicht bezahlen kann, sind langweilig.«
Francis M. de Picabia, Aphorismen

Und seltsamerweise habe ich noch ein paar andere Sachen im Ring gelernt, die mir geholfen haben, meine Schulden abzubezahlen – bald bis auf den letzten Franken.

Wie man Schulden macht – und wie einen Schulden (fertig) machen

Erlauben Sie einem schlichten Boxer, Ihnen etwas Nachhilfe in Etymologie zu geben: Schuld und Schulden haben einen altgermanischen Wortstamm: »skulan«, was nichts anderes als »sollen« bedeutet. Er soll mir, ich soll ihm – einer schuldet also dem anderen etwas. Mit der Bedeutung »schuldig sein« war »sollen« noch bis zum Ende des 18. Jahrhunderts in der Kaufmannssprache üblich, und heute finden Sie das Wort in jeder Bilanz und auf all Ihren Kontoauszügen. Soll und Haben – Schuld und Sühne.
Diese Verpflichtung zur Rückgabe einer geliehenen Summe oder zu einer Abgabe, einem Dienst oder einer Revanche wurde mit den Jahren in der deutschen Sprache immer mehr erhöht, aus den Schulden wurde die Schuld. Schulden wurden zur Sünde, und so ist es offen gesagt bis heute geblieben.

»Schulden sind mehr als nur Verbindlichkeiten – sie sind oft schwere moralische und psychische Lasten!«
George Welsh, Psychiater

Balzac, der Profischuldner

Honoré de Balzac veröffentlichte 1827 ein schmales Bändchen, das man als erste Schuldnerberatung bezeichnen könnte: »Die Kunst, seine Schulden zu zahlen und seine Gläubiger zu befriedigen, ohne auch nur einen Sou selbst aus der Tasche zu nehmen«. In dieser beißenden Satire geißelt er die Grausamkeiten der Gläubiger zu seiner Zeit und gibt den Schuldnern freundliche Ratschläge. In Balzacs Charakteristik des »perfekten Schuldners« liest man: »Der Mann braucht eine eiserne Gesundheit, schnelle Füße, Geistesgegenwart, Mut, Geduld und das Gedächtnis eines Gläubigers.«
Wer Schulden hat, muss sich auch schuldig fühlen. Da könnte man auf die seltsamsten Gedanken kom-

»Balzac hinterließ der Welt nicht nur 130.000 Francs Schulden, sondern auch eine Frau, die sie bezahlte.«
Germund Fitzthum, Aphorismen

»Schulden sind ein Strudel negativer Energie, dem man nur sehr schwer wieder entkommen kann.«
Cleo Kretschmer, Schauspielerin

men. Man könnte zum Beispiel über das menschenfreundliche Christentum spekulieren. »Und vergebe deinen Schuldigern ...« Wie denn, wenn man als guter Christ kein Geld verleihen durfte? Das war den Juden vorbehalten, und dafür handelten sie sich gleich die Urschuld ein. Eine böse Geschichte, an der natürlich auch keiner schuld gewesen sein will. Geblieben ist auch bei uns aufgeklärten Europäern des 21. Jahrhunderts das diffuse Gefühl, dass einer, der Schulden hat, auch schuldig ist.

Noch nie hatten wir mehr Schulden

Drei Millionen deutsche Haushalte gelten als völlig überschuldet, und noch nie war die Zahl der Privatinsolvenzen so hoch wie heute. Die Ratenkredite haben sich in zehn Jahren von 115 Milliarden DM auf 440 Milliarden DM 1999 fast vervierfacht. Immer mehr Geldinstitute steigen ins Geschäft mit den klammen

Tipp: Sind Sie eigentlich flüssig?
Zu den wichtigsten Daten eines schuldengefährdeten Menschen gehört sein Kontostand. Ein Freund von mir, übrigens Multimillionär, sagte: »Wenn du nicht täglich den genauen Stand deines Kontos kennst, wirst du niemals ein erfolgreicher Unternehmer werden!« Schreiben Sie jeden Tag zu einer festen Uhrzeit Ihren geschätzten Kontostand auf und überprüfen Sie diese Zahlen einmal jede Woche. Das trainiert!

Zahlern ein – Schulden sind ein tolles Geschäft! Für Banken und Geldverleiher. Immer mehr Menschen brauchen dringend Geld und akzeptieren fast jeden Zinssatz. Das Leben auf Pump gehört zum Alltag, ja fast schon zum guten Ton, und man führt es mit Vollgas, bis man sich überschlägt oder aus der Kurve fliegt. Dank aggressiver Verkaufsmethoden boomt die Schuldenindustrie. Überall gibt es inzwischen Kredite: im Internet, bei den Banken, bei den Autohändlern, bei den Versandhäusern, beim Elektromarkt. Nach Sicherheiten fragt kaum noch jemand – es reicht, wenn man eine feste Arbeit angibt. Der Rekord bei Online-Anbietern liegt bei 30 Sekunden für eine Kreditzusage. Aber wissen Sie eigentlich, was ein effektiver Jahreszins von 15 % bedeutet? Die Hölle nämlich, und wenn Sie sich nur kleine Raten leisten können, werden Sie nach vielen Jahren feststellen, dass Sie zwar viele Zinsen gezahlt, jedoch noch keinen Cent Ihrer Schulden getilgt haben.

Man braucht uns Schuldner, man macht viel Geld mit uns – aber man lobt uns nicht gerade als Motor der Wirtschaft!

Es ist eine grausame Wahrheit: Man braucht uns Schuldner, mit uns wird richtig dick Geld verdient, aber man lobt uns nicht als Motor der Wirtschaft. Und nachdem alles ein Geschäft ist – wenn man dem Irak Waffen liefert und sie ihm anschließend im Rahmen eines Krieges gegen den Terror wieder abnimmt oder wenn man an Supermarktkassen in Kinderaugenhöhe Süßigkeiten stapelt und gleichzeitig über den Zustand der Zähne eben dieser Kinder lamentiert –, ist das Schuldengeschäft eben auch nur ein Geschäft wie jedes andere. Sorry, ich bin Boxer und kann mein Naturell nicht verstecken, aber im Ring geht es ziviler und ehrlicher zu.

Es hilft bloß nichts zu jammern, denn schließlich haben wir den Kapitalismus als Staatsform gewählt und damit auch ein zynisches Ideal: den Profit.

Die Schuldenwirtschaft boomt

Ohne tätige Hilfe gäbe es nur wenige (zu wenige) Schuldner. Die Schuldenwirtschaft braucht Helfer. Eine ganze Industrie hat sich in den Dienst der

Schuldenwirtschaft gestellt: die Werbung. Wer käme ohne die knalligen Anzeigen und suggestiven Werbespots denn auf die Idee, zusätzlich zum schlichten Festnetztelefon ein Handy zu kaufen, das wiederum gegen ein anderes Handy mit Farbdisplay einzutauschen, nur um Monate später ein Handy zu kaufen, mit dem man auch fotografieren und im Web surfen kann? Gibt es noch 14-Jährige ohne Moneycard? Haben Sie etwa immer noch keinen DVD-Player, kein Premiere und keinen Organizer? Letzteren werden Sie allerdings dringend nötig haben, wenn Sie das alles kaufen. Denn mit ihm können Sie auch die Zinsprogression ausrechnen.

»Das Gesetz der Wirtschaft verbietet es, für wenig Geld viel Gegenwert zu erhalten. Nehmen Sie das niedrigste Angebot an, dann müssen Sie für das Risiko, das Sie eingehen, etwas hinzurechnen. Und wenn Sie das tun, haben Sie auch genug Geld, um für etwas Besseres zu bezahlen.«
John Ruskin, englischer Sozialökonom

Kinder machen Schulden

Und zwar in jeder Beziehung. Kinder können heutzutage tatsächlich gewaltige Schulden anhäufen, zum Beispiel als Handybesitzer. Die Kids interessieren sich wenig für Telefonrechnungen, wenn sie gerade intensiv mit ihren Freunden SMSen oder telefonieren müssen. Das Internet bedeutet für sie eine weitere herrliche Geldvernichtungsmaschine. Oft reagieren Eltern erst, wenn die Rechnungen zu einem ernsthaften Angriff auf das Monatsbudget gewor-

Konsum auf Kredit

Die Konsumentenkredite erhöhen sich nach Angaben der Deutschen Bundesbank kontinuierlich und betrugen 1999 stolze 440 Milliarden DM. Durchschnittlich war damals also jeder deutsche Haushalt mit 11.165 DM verschuldet. Aber diese Statistik ist dürftig. Da sind die Zahlen der Schufa schon aussagekräftiger: Ende der 90er Jahre nahmen jährlich etwa 3 Millionen Menschen Ratenkredite auf – durchschnittlich für 17.000 DM (West) und 13.000 DM (Ost).

den sind. Also: Keine Vertragshandys für die Kinder und nur feste Surfzeiten im Internet!
Aber Kinder bedeuten in unserer Gesellschaft auch einen anderen Schuldenfaktor. Wer nicht sehr gut verdient, über keinen sicheren Arbeitsplatz verfügt und auf das Zweiteinkommen der Ehefrau angewiesen ist, kann sich Kinder kaum noch leisten. Die meisten Normalverdiener mit zwei oder gar mehreren Kindern leben statistisch gesehen ständig am Rande der Überschuldung, obwohl unsere Politiker unentwegt das hohe Lied der Familie singen.

»Schulden sind Afrikas größtes Problem!«
Nelson Mandela, Expräsident Südafrikas und Friedensnobelpreisträger

Von der Verschuldung zur Überschuldung

Verschuldet sind wir alle irgendwie. Es wird kaum einen Menschen geben, der einem anderen nicht etwas schuldet. Doch wir sind auch alle sicher, dass wir das im Griff haben. Eine enorme Selbstüberschätzung, die mit etwas Fantasie relativiert werden kann. Denken Sie nur an die drei K: Keine Arbeit, Kinder, Krankheit.

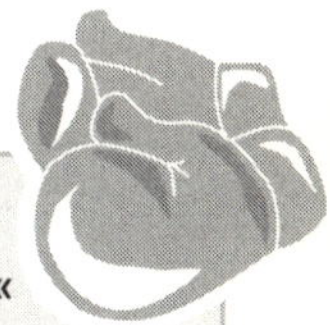

Überschuldung in Europa
Europäische Vergleiche sind nicht leicht, weil »Überschuldung« fast in jedem Land anders definiert ist. Es lässt sich aber vergleichbares Zahlenmaterial aus der Mitte der 90er Jahre finden. Danach waren in Großbritannien 11 % aller Haushalte überschuldet, in den Niederlanden dagegen nur 4 %, in Österreich 2,7 %, in Finnland 3,7 %, in Schweden gar nur 1,2 %. Deutschland war immer noch durch eine Grenze getrennt, obwohl die Mauer schon über fünf Jahre vorher gefallen war: Im Osten waren 7 % der Haushalte überschuldet, im Westen dagegen nur 5,1 %.

Die Angst vor der Arbeitslosigkeit hat in den letzten Jahren sprunghaft zugenommen. Outsourcing, Abwanderung von Firmen, billige Arbeitskräfte im Osten und der Dritten Welt, Firmenpleiten und »Verschlankung«. Wie sieht Ihre Schuldenbilanz aus, wenn für ein Jahr 40 % Ihres Einkommens wegfallen? Sind Sie in dem Alter, in dem man nur noch schwer vermittelt werden kann, oder arbeiten Sie in einer Berufssparte, die als »unvermittelbar« abgestempelt ist? Sie sollten sich in keine Hysterie steigern, aber Sie sollten Vorkehrungen treffen, falls das

Test: Haben Sie ein gefährliches Konsumverhalten?

1. Vor dem Einkaufen schreibe ich einen Einkaufszettel – kaufe dann aber meist doch noch andere Sachen ein.
2. Im Supermarkt bekomme ich die besten Ideen, was ich kochen kann.
3. Ich räume regelmäßig meinen Kühlschrank aus und werfe verdorbene Lebensmittel weg.
4. Ich kaufe nur Markenprodukte.
5. Ich gehe gerne und regelmäßig bummeln.
6. Es gibt jeden Tag etwas einzukaufen.
7. Warme Pullis trage ich im Winter nur im Freien.
8. Manchmal kommt das warme Wasser so heiß bei mir aus der Leitung, dass man sich fast verbrennt.

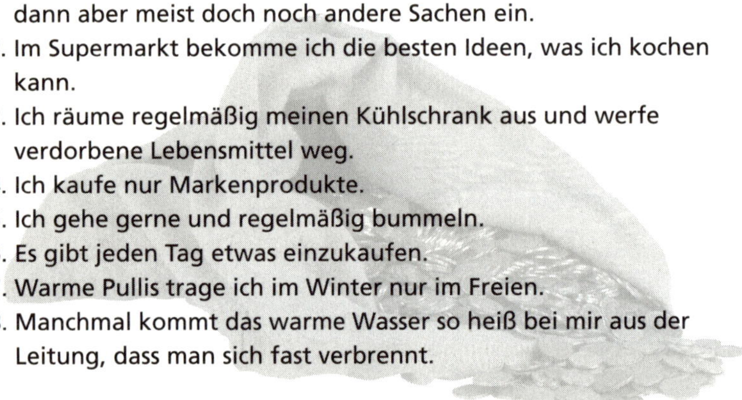

Je mehr »Ja«-Antworten Sie haben, umso kostspieliger ist Ihr Konsumentenverhalten. Können Sie es sich wirklich leisten, so planlos beim Einkaufen und Wohnen zu sein?

erste K tatsächlich einmal zuschlägt. Erkunden Sie jetzt schon alternative Einnahmemöglichkeiten, schauen Sie sich nach Zweitjobs um – und bleiben Sie weit weg von der Schuldenkante!

Kinder sind die zweite Schuldenfalle. Ein Einkommen fällt weg oder wird zumindest minimiert. Dazu kommen zusätzliche Aufwendungen für das Kind, Kinderzimmer, später ein Kindergartenplatz, Schule und Ausbildung – und natürlich die gesellschaftlichen »Konsumzwänge« für Kinder. Kein Grund, sich nicht mehr fortzupflanzen, aber trotzdem ein Thema, dem man sich nicht blauäugig nähern sollte.
Krankheit ist die dritte Schuldenfalle, häufig eine ebenso böse wie unerwartete. Ob Sie oder Ihr Partner länger erkranken und Pflege brauchen, die von der Versicherung nicht abgedeckt ist, oder ob Sie einen Elternteil betreuen müssen – Krankheit bedeutet oft gewaltige Mehraufwendungen von Zeit und Geld. Und die kann sich nur der leisten, der weit genug von der Schuldenkante entfernt ist.

»Die Verschuldung der Dritten Welt kommt durch die Hintertür der Globalisierung wieder zurück in die Erste Welt!«
Herbert Beck, Attac

Schuldig oder nur verführt?

Ohne leicht verführbare Menschen, die die Werbung auf gnadenlosen Konsum eingeschworen hat, würden viele Branchen bitter leiden: Handyhersteller, Funknetzbetreiber, Teilzahlungsbanken, Versandhäuser, Automobilhersteller, Baufirmen, Internetdienste und die gesamte Unterhaltungsindustrie. Einfache Lebensmittelläden haben noch keinen zum Schuldner gemacht. Da konnte man früher – und auf dem Land geht das immer noch – anschreiben lassen, und wenn wieder Geld da war, hat man eben alles bezahlt. Ohne Zinsen.
Deshalb: Fühlen Sie sich nicht schuldig, wenn Sie Schulden haben. Höchstens wenn Sie ein professioneller Skandalschuldner sind wie Herr Schneider aus Deutschland oder Herr Rey aus der Schweiz, die beide mit krimineller Energie ihre Schulden aufgetürmt haben. Mit dem Hintergedanken, sie nur zurückzu-

Ohne die vielen leicht verführbaren Menschen, die sich für den Konsum verschulden, würde unsere Wirtschaft noch mehr leiden.

zahlen, wenn – gegen alle Wahrscheinlichkeit – alles gut läuft. Wenn nicht? Na eben.
Wie kriegt so jemand eigentlich so viel Geld? Bei unsereinem verlangen die Banken Sicherheiten über die gesamte Summe – bei Immobilienspekulanten werden Millionen locker vergeben. Sind ja bloß Peanuts.

»Wenn sich Privatpersonen so verschulden könnten wie Staaten, würde das internationale Finanzsystem sofort kollabieren.«
Wolfgang Weber, Investmentbanker

Das führt zwangsläufig zur Betrachtung der Staatsfinanzen. Wie kann sich ein Staat so verschulden, dass seine Bürger die Hälfte des Jahres dafür arbeiten müssen, damit eben dieser Staat die Zinsen für sein Defizit bezahlen kann? Dabei geht es doch viel einfacher. Mexiko etwa hat sich bei der Weltbank so verschuldet, dass an die Rückzahlung der Milliardenkredite nicht zu denken ist. Also schenkt man dem sympathischen Land mit seinen freundlichen, Sombrero tragenden Menschen den Kredit, aber die Zinsen möchte man schon haben. Dafür gibt es einen neuen Kredit, von dem Mexiko jedes Jahr die Zinsen bezahlt – bis auch der aufgebraucht ist.

Doch das ist alles nur unfruchtbares Gejammer, liebe Freunde: Macht euch klar, dass ihr keine Bank und kein Staat seid. Ihr müsst für eure Schulden selber einstehen. Aber ihr müsst euch wenigstens nicht dafür schämen.

Eigentlich wollte ich ja nie in den Ring steigen

Nein, eigentlich wollten Sie bestimmt nie diesen Kampf annehmen – aber vielleicht müssen Sie das gerade jetzt, vielleicht erst nächstes Jahr. Vielleicht nie. Obwohl die Chance, dass ein Mensch in Mitteleuropa Anfang des 21. Jahrhunderts schuldenfrei lebt, ausgesprochen gering ist.
Ich verstehe etwas vom Boxen, und ich kenne mich mit Schulden aus – mit Letzterem besser, als mir lieb ist. Und ich muss sagen, dass beides erstaunliche Ähnlichkeit aufweist.
Keiner wollte immer schon in den Ring steigen, und keiner wollte schon immer Schulden haben. Boxen ist wie ein Virus, den man sich irgendwo einmal einfängt. So ist es mit den Schulden auch.
Keiner will Schulden, doch irgendwann glaubt man, genau dieses Auto sofort haben zu müssen, diese Reise, diese Wohnzimmereinrichtung. Aber man ist gerade nicht flüssig, und dann hat man Schulden. Nicht schlimm, wenn man Schulden so bedient, wie die Banken es in ihren Hochglanzprospekten darstellen. Das Leben ist jedoch kein Hochglanzprospekt. Es kommt immer anders. Wie beim Boxen.

Keiner wollte schon immer in den Ring steigen – und keiner wollte schon immer Schulden haben!

Eine Schuldnerkarriere

Ich will Ihnen erzählen, wie ich zu meinen Schulden kam. Ich habe Schulden gemacht, weil ich mich als Boxer verwirklichen wollte und weil ich mit meinem Talent reich werden wollte. Na ja, vielleicht nicht gerade reich, aber wenigstens berühmt, wohlhabend und in einer Position, dass die Menschen in der Schweiz auf mich hören würden. Denn ich war schon immer ein kleiner Weltverbesserer.

»Nach einem Leben in Armut können Sie als Heiliger in den Himmel kommen, aber ich komme lieber nach einem verdammt guten Leben in Reichtum in die Hölle!«
Don King, Boxpromoter

Meine Frau und ich brachten wie gesagt beide etwas Gemeinsames mit in unsere Ehe: ein leichtes Minus auf unser beider Bankkonten. So gesehen eine faire Basis für einen Beginn, denn es konnte später keiner sagen: »Du hattest es nur auf meine Kohle abgesehen!« Allerdings eine schlechte Basis, um eine Berufsboxkarriere zu starten.
Renata arbeitete zu jener Zeit als Geschäftsführerin in einem Nachtclub, und ich war im selben Lokal zuerst Discjockey und danach Kellner, was mir aber bald keinen Spaß mehr machte. Ich bin eigentlich kein Nachtmensch und brauchte schon damals meinen Schlaf für den Sport.

»Der Buddhismus sagt ganz klar, dass nur wer alles hergibt, am Ende keine Schuld mehr trägt. Wie im Westen: Geben ist seliger denn Nehmen!«
Dalai-Lama, religiöses Oberhaupt der Tibeter

Null Kapital, aber Selbstvertrauen ohne Ende

Als ich mich 1989 entschloss, Profi zu werden, hatten wir schon weniger als null Startkapital, wir

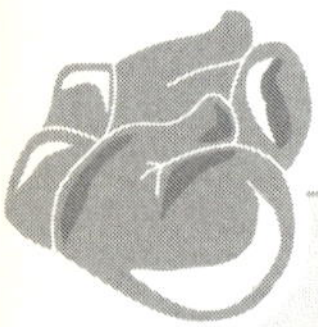

Tipp: Keine ungeöffneten Briefe!
Ein untrügliches Zeichen, dass Schulden zum Problem werden, sind ungeöffnete Briefe. Auch wenn Sie gerade noch so schlecht drauf sind, machen Sie jeden Brief auf (wir reden natürlich von Rechnungen, Mahnungen und ähnlich unangenehmen Nachrichten) und lesen Sie ihn langsam und sorgfältig. Beantworten Sie die Gläubigerpost sofort, rufen Sie an und klären Sie mögliche Missverständnisse. Denken Sie daran: Erst wenn Sie Schulden verschlampen oder versuchen, sie innerlich auszublenden, werden sie wirklich gefährlich!

mussten bereits per Treuhandbüro monatlich kleinere Beträge abzahlen. Um für meine kleine Familie möglichst viel verdienen zu können, arbeitete ich anfangs noch als Gipser auf dem Bau. In dieser Zeit verschickten wir genau 500 Sponsorenbriefe an Firmen, von denen wir uns etwas Unterstützung erhofften. Das stolze Resultat dieser aufwendigen Aktion waren ganze 850 Schweizer Franken von drei netten Menschen, die mich damit »im Kleinen« unterstützen wollten. Außerdem bekamen wir 21 schriftliche Absagen, die anderen antworteten nicht einmal.

Trotzdem gaben wir nicht auf, und ich organisierte mein Training eben so, dass ich daneben noch normal arbeiten konnte. Das bedeutete, dass ich morgens von fünf bis sechs Uhr laufen ging und abends von sieben bis halb zehn zum Training.

Weil es in der Schweiz keine professionellen Box-Managements gibt, musste ich alles selbst organisieren – und selber zahlen. Für meinen ersten Kampf bekam ich wie schon gesagt 500 Franken und für meinen zweiten 800. Da war »außer Spesen nichts gewesen«, und ich legte eine Pause von einem Jahr ein, um finanziell wieder etwas auf die Beine zu kommen.

»Die Freude über die Halbierung meiner Schulden kann den Ärger über die Halbierung meines Einkommens nicht halbieren.«
Peter E. Schumacher, Publizist

Ich ging zum Boxstall Charly Bühler nach Bern und investierte für zwei Stunden Aktivtraining jeweils acht Stunden mit Fahrt und Vorbereitung. Von 1991 bis 1994 boxte ich insgesamt achtmal für Herrn Bühler und verdiente dabei weder richtig Geld, noch bewegte sich meine Karriere in irgendeiner Weise. Da in dieser Zeit gerade Henry Maske und Dariusz Michalczewski in Deutschland groß im Kommen waren, beschloss ich, denen ein wenig abzuschauen und künftig bei der Auswahl meiner Gegner mitzureden. Das Management ließ mich widerwillig gewähren, doch durch den Sieg gegen Pietro Pellizzaro wurde der Weltverband IBF auf mich aufmerksam, und man bot mir an, im November 1994 um den IBF-Intercontinental-Titel anzutreten.

Der Sprung in die Weltrangliste

»Der Staatshaushalt muss ausgeglichen sein. Die öffentlichen Schulden müssen verringert werden. Die Zahlungen an ausländische Regierungen müssen verringert werden, wenn der Staat nicht Pleite gehen soll.«
Cicero, 106-43 v. Chr.

Mein Gegner Muslim Biarslanov war bisher in 16 Kämpfen unbesiegt geblieben, von denen er 14-mal den Ring als K.O.-Sieger verlassen hatte. Ich nahm das Risiko an: alles oder nichts! Der Kampf endete unentschieden nach zwölf Runden und war für mich eigentlich ein riesiger Erfolg. Obwohl wir immer noch kein Geld verdient hatten, war ich wenigstens in der Weltrangliste gelandet, und zwar auf Platz 12. Das gab mir das Recht, Weltmeister Henry Maske herauszufordern!
Das Management Sauerland vertröstete uns immer wieder, doch die Aussicht auf eine IBF-Weltmeisterschaft, ausgestrahlt bei RTL, bot mir die Perspektive auf eine Gage von mindestens 200.000 Franken. Und damit wäre endlich unser anhaltendes Dauerschuldenproblem gelöst gewesen.
Doch es kam anders – aber das erzähle ich Ihnen an anderer Stelle. Jedenfalls hatte ich fünf Jahre später über 400.000 Franken Schulden. Aber auch den Titel eines IBF-Champions.

Verschulden? Nichts leichter als das!

Zugegeben, das ist eine etwas ungewöhnliche Art, sich zu verschulden, da haben Sie Recht. Aber was halten Sie von diesen Fällen: Karl G. ist Kleinunternehmer, er hat eine Zimmerei mit zwei Angestellten, eine Frau und zwei Kinder, lebt nicht auf großem Fuß und ist eigentlich schuldenfrei. Eigentlich. Denn die monatliche Abfindung für den Eigentümer der Firma, die er übernommen hat, kann man nicht als Schulden bezeichnen. Auch die Leasing-Raten für Kleintransporter, Bandsäge und Computer sind normale Geschäftsverbindlichkeiten. Karl G. macht im

Monat etwa einen Umsatz von 20.000 Euro und denkt schon über Vergrößerung nach, als er ein interessantes Angebot bekommt. Eine geplante Feriensiedlung in der Nähe hat Zimmererarbeiten für mindestens ein Jahr zu vergeben. Umfang: über 2 Millionen Euro. Für diesen Auftrag ist sein Laden zu klein, aber wenn er noch zwei zusätzliche Arbeiter einstellen würde …

Ein Jahr später ist Karl G. pleite. Schlimmer noch – er hat Schulden, von denen er nicht weiß, wie er sie zurückzahlen soll. Er hat Material und Maschinen für den Auftrag gekauft, er hat etwas Bargeld fließen lassen, um den Zuschlag überhaupt zu erhalten, er hat zwei Leute eingestellt und ein halbes Jahr gearbeitet. Die Baugesellschaft hat am Anfang schleppend gezahlt, dann gar nicht mehr, dann hat sie Konkurs angemeldet, und die Banken haben sich sofort ihr Geld geholt. Als Karl G. sein Geld wollte, war nichts mehr da, und als er alles zusammenzählte, was ihn dieses Abenteuer gekostet hatte, kam er auf über 120.000 Euro.

»Man muss den Leuten klarmachen, dass jeder von ihnen sich einmal überschulden kann. Es gibt nur ganz wenige, die so viel Geld haben, dass sie es nicht ganz ausgeben können.«
Klaus Hofmeister, Schuldnerberater

Tipp: Schuldig geschieden?
Gott sei Dank gibt es das Schuldprinzip im deutschen Scheidungsrecht nicht mehr, aber Schulden können durch eine Scheidung allemal entstehen. Bestehen Sie bei gemeinsamen Krediten auf einer Teilung des Kreditvertrags gegenüber der Bank. Lösen Sie gemeinsame Konten auf oder wandeln Sie sie wenigstens von »Oder-Konten« (beide haben das Verfügungsrecht) in »Und-Konten« um, wobei man nur noch gemeinsam und einverständlich über das Geld verfügen kann. Denken Sie daran, bei einem Privatkonto, auf das Ihr ehemaliger Ehepartner zugreifen konnte, die Vollmacht zu löschen. Gemeinsame Schulden sollten im Scheidungsvertrag grundsätzlich geregelt werden. Denken Sie auch daran, bei einer Lebensversicherung die Bezugsberechtigung zu ändern.

Elvira P. ist Single, Ende 30 und kompensiert den Ärger, den sie immer öfter mit ihrem cholerischen Chef hat, durch Anfälle von Kaufrausch. Sie hat drei verschiedene Konten und kauft mit drei Kreditkarten ein. Als alle Dispos überzogen sind, nimmt sie bei Teilzahlungsbanken Kleinkredite auf, schließt sich immer mehr vom Leben ab, leugnet ihre Überschuldung, als der Chef ihr einen Antrag auf Lohnpfändung vorhält, und verliert den Job.
Saldo: 80.000 Euro minus.

Es gibt keine typische Verlaufsform des Verschuldens – nur einige fatale Muster, die immer wiederkehren.

Dieter O. ist 46 und Journalist, seit sieben Jahren verheiratet und arbeitet freiberuflich. Seine Frau will Kinder, er nicht. Das Problem ist alt, aber über die Jahre hat es sich nicht gelöst. Zwei Lebensentwürfe prallen aufeinander. Es gibt Streit, sie geht fremd, er trinkt deutlich mehr als normal, wird grob, sie verlässt ihn. Er schweigt, trinkt mehr, baut einen Autounfall und gilt in der Branche seither als unzuverlässig. Aktueller Schuldenstand: 65.000 Euro.

Tipp: Errechnen Sie Ihr Durchschnittseinkommen

Dafür addieren Sie zu Ihrem Netto-Jahresgehalt das Urlaubs- und Weihnachtsgeld und teilen die Summe durch 12. Jetzt wissen Sie, was Ihnen im Monat zur Verfügung steht. Selbstständige haben es da schwerer – aber machen Sie nicht den Fehler, sich Jahr für Jahr eine 20-prozentige Einkommenssteigerung vorzumachen, wie das Finanzamt Sie schätzen würde, wenn Sie sich nicht rechtzeitig dagegen wehren.

Sie sehen, es ist ganz leicht, zum Schuldner zu werden, viel leichter jedenfalls, als zum Millionär zu werden. Es gibt keine typische Verlaufsform des sich Verschuldens, aber es gibt ein paar fatale Muster, die immer wiederkehren:

- Man merkt es meist viel zu spät, dass man den finanziellen Boden unter den Füßen verloren hat.
- Man redet möglichst mit niemand darüber, höchstens mit Gläubigern und der Bank, jedoch nur, wenn es nicht mehr anders geht.
- Man versucht das Thema zu verdrängen, bemitleidet sich oder fängt an zu trinken.
- Man wird aggressiv und ungerecht gegen andere, meist gegen die besten Freunde, die Familie oder den Lebenspartner, und oft schafft man es sogar, dass man von allen verlassen wird.

Die wichtigsten Auslöser einer Überschuldung sind Arbeitslosigkeit (vor allem Langzeitarbeitslosigkeit) und immer stärker zunehmende Niedrigeinkommen. Viele Menschen mit geringem Bildungs- und Ausbildungsniveau arbeiten zwar emsig, jedoch ihr Einkommen kann mit den immer schneller steigenden Ausgaben nicht mehr Schritt halten. Allein die rapide steigenden Mietnebenkosten machen ihnen bereits das Leben schwer. Kurzzeitarbeitslose sind dagegen nicht so sehr gefährdet, aber Trennung, Familiengründung, Kinder, Krankheiten und Unfälle, Drogen, Kauf- und Spielsucht sind inzwischen zu wahren Schuldenfallen geworden.

»Günther Jauch, ein wahrhaft würdiger Nachfolger von Thomas Gottschalk, ist ein schönes Beispiel für die Schizophrenie unserer Gesellschaft. Er hat Millionen, aber er macht Werbung für den Katalogdienst Quelle, bei dem – wie ihm bekannt ist – statistisch gesehen eher gering- bis mittelmäßig verdienende Menschen einkaufen, die sich dadurch oft verschulden.«
Wolfgang J. Reus, Journalist, Satiriker und Lyriker

Unternehmer leben riskant!

Von den staatlich so ermunterten Existenzgründern geben im ersten Jahr 30 % wieder auf, meist mit einer dicken Überschuldung. Alle haben viel Geld und Herzblut investiert – und meist hätte die Pleite abgewendet werden können. Das berichtet jedenfalls der »Verein der Aktivsenioren«, Wirtschaftsbosse in Rente, die kostenlos solche Projekte betreuen. Sie sagen, dass viele Insolvenzen von Kleinfirmen abwendbar gewesen wären, aber dass ausgerechnet da die Banken knallhart zuschlagen und schnell den Geldhahn zudrehen, bevor die Kreditrevision etwas sagt. Bei Millionenkrediten sind sie schon geduldiger. Damit werden die Chancen zur Gesundung verbaut – denn der Selbstständige bekommt kein Arbeitslosengeld, er fällt von einem hohen finanziellen Status sehr tief und muss gleich zum Sozialamt. Das wollen die meisten nicht und machen noch mehr Schulden. Erfahrungsgemäß sind das hinsichtlich der psychischen Belastung die schlimmsten Fälle. In den letzten drei Jahren nahm die Überschuldung von Selbstständigen in Deutschland in erschreckendem Maße zu.

»Kinder werden die Schuldner der Zukunft. Nach dem schönen Spruch, dass wir uns die Erde nur von ihnen geliehen haben, machen sie jetzt Ernst: Sie geben das Erbe aus, bevor ihre Eltern gestorben sind.«
Bruno Pellini, Philosoph

Nach Analysen der deutschen Schuldnerberatungsstellen kommt danach gleich fehlende Kompetenz bei Budget- und Finanzplanung. Die meisten Menschen haben es nicht gelernt, ihre Finanzen im Griff zu haben. Kaum einer stellt einen Haushaltsplan auf, sondern man verlässt sich lieber »auf sein Gefühl«. Das ist jedoch meist der schlechteste Gradmesser bei finanziellen Schwierigkeiten. Augenverschließen bei einem sich anbahnenden Problem macht leider aus Elefanten keine Mücken.

Schuldner werden immer jünger

Kinderverschuldung ist ein weiteres brisantes Thema, deshalb sollten Schuldenvermeidung und Finanzplanung schon an den Schulen gelehrt werden. Haushaltsplaner kann man sich gratis aus dem Internet laden oder im Schreibwarengeschäft kaufen, man muss sie jedoch ehrlich ausfüllen und ernst nehmen. Für 14-Jährige klingt das natürlich endspießig – aber noch viel spießiger ist es, wenn man sich kein Handy mehr leisten kann.

Bestenfalls führt Überschuldung ohne Einsicht und radikale Änderung des Lebens zu Einsamkeit, Sucht und einem deutlichen Karriereknick – schlimmstenfalls zu Flucht, Kriminalität und Selbstmord. Sie finden, das ist zu dick aufgetragen? Leider nicht. Schulden können Existenzen vernichten, und nicht nur finanziell.

Glauben Sie bloß nicht, dass Schulden nur die Probleme der anderen sind, es könnten ganz schnell Ihre werden. Bevor Sie also mit mir über 12 Runden in den Schuldenkampf gehen, sollten Sie sich vergegenwärtigen, dass dieser Kampf als Training für Sie gedacht ist. Natürlich wollten Sie auch nie in den Schuldenring steigen, aber vielleicht, man weiß ja nicht, eines Tages …

»Um Geld verachten zu können, muss man erst mal welches haben.«
Curt Goetz, Schriftsteller und Schauspieler

Tipp: Ererbte Schulden
Sollten Sie nichts als Schulden erben, so können Sie die innerhalb von sechs Wochen nach der Testamentseröffnung ausschlagen. Aber auch an den eigenen Nachlass sollte man denken. Ist man überschuldet (und hat es der Familie verschwiegen), dann lebt man in der ständigen Sorge, bei einem plötzlichen Tod könnten der Lebenspartner und die Kinder für das Erbe bitter büßen. Regeln Sie alle Erbschaftseventualitäten zu Lebzeiten des Erbgebers, dann sparen Sie auch eine Menge Steuern!

Wichtig ist dabei zu wissen, in welcher Gewichtsklasse man antritt. Am spektakulärsten beim Boxen ist natürlich das Schwergewicht. Aber im normalen Leben haben Sie auch im Mittelgewicht ganz schön zu tun. Und das sind die Gewichtsklassen beim Schuldenfight:

Gelegenheit macht Schulden.
Graffiti

Papiergewicht: bis zu 500 Euro

Das sollten Sie auch ohne Training innerhalb eines halben Jahres nebenbei schaffen oder – wenn Sie sich besondere Mühe geben und sich etwas einfallen lassen, wie Sie zusätzliches Geld verdienen können – auch an einem Wochenende.

Fliegengewicht: 500 bis 2.000 Euro

Die übliche Kampfklasse für junge Leute und den vorsichtigen Kreditnehmer. Vereinbaren Sie in diesem Fall Raten zwischen 30 und 50 Euro (so genannte Taschengeldraten) oder gehen Sie als Erwachsener Ihren Chef um ein zinsloses Darlehen an, das mit dem Gehalt verrechnet wird. Manchmal wird auch das Weihnachts- oder Urlaubsgeld mit einem bis zu 20-prozentigen Abschlag angeboten. Allerdings müssen Sie selbst entscheiden, ob es opportun ist, Ihrem Arbeitgeber von den Schulden zu erzählen. In dieser Größenordnung ist es wahrscheinlich noch kein Problem.

Mittelgewicht: 2.000 bis 5.000 Euro

Die übergroße Menge der Schuldner hierzulande, und echte Probleme macht ihnen die Bezahlung der Schulden auch nur dann, wenn sie sich nebenbei Leichtsinniges erlauben. Also: Leben Sie unbedingt so lange finanziell straight und bleiben Sie bei Ausgaben auf der Hut, bis die größte Portion Ihrer Schulden getilgt ist. In einem Jahr sollten Sie wieder schuldenfrei sein. Achtung: In diesem Stadium ist die Verdoppelungsgefahr am größten – wenn Sie nicht aufpassen, sind Sie gleich in der nächsthöheren Gewichtsklasse!

Halbschwergewicht: 5.000 bis 20.000 Euro

Das geht schon ans Eingemachte – und wahrscheinlich haben Sie die Schulden nicht auf einmal angehäuft, die meisten kamen nach und nach dazu, bis eine erschreckende Höhe erreicht war. Für Sie ist es jetzt Zeit für Plan B. Machen Sie Kassensturz, stellen Sie eine Rückzahlungsstrategie auf, schließen Sie sich mit allen Gläubigern kurz, versuchen Sie bei teuren Zinsen eine günstigere Umschuldung zu bekommen, sparen Sie, trainieren Sie Ihre Langzeitkondition, sehen Sie sich nach einem Zweiteinkommen um – denn Sie stehen bereits mitten im Kampf. Und der könnte durchaus zwei Jahre dauern.

»Wer seinen Appetit betrügt, vermeidet Schulden.«
aus China

Schwergewicht: 20.000 bis 100.000 Euro

Wir reden hier nicht von überlegt eingegangenen Verbindlichkeiten, etwa für die Finanzierung eines

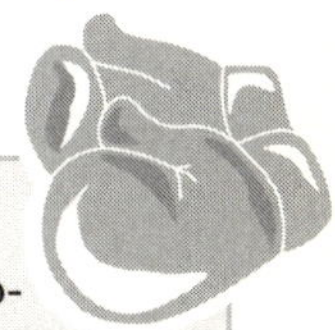

Überschuldung in Deutschland
Das Gutachten im Auftrag des Ministeriums für Familie, Senioren, Frauen und Jugend kam zu einem erschütternden Ergebnis: »Die Phase vor dem Eintreten der Überschuldung wird als prekäre Lebenslage bezeichnet. Aufgrund verschiedener Erhebungen kann davon ausgegangen werden, dass 25 bis 35 % der Bevölkerung in prekären Lebenslagen leben.« Jeder dritte Deutsche lebt also in der Gefahr der Überschuldung!

Hauses, nein, das sind richtige Schulden, angewachsene Schulden, wahrscheinlich über längere Zeit. Das ist eine Gewichtsklasse, in der man anständig zuschlagen muss. Da hilft es wenig, den Champagner wegzulassen und nur noch mit dem Bus zu fahren. Sie brauchen eine langfristige Strategie – und Sie brauchen einen langen Atem, »die zweite Luft«.

Superschwergewicht: 100.000 Euro und mehr

Obwohl ich im Ring »nur« als Cruiser und Halbschwergewicht stand – bei meinen Schulden kämpfte ich in der obersten Gewichtsklasse. Wer Verbindlichkeiten in der Größenordnung eines Ferrari oder eines Einfamilienhauses hat, der braucht unbedingt einen Trainer. Ein loyaler Banker oder ein Schuldnerberater wäre das Beste, und Sie sollten sich auch mit der Möglichkeit einer Privatinsolvenz vertraut machen. Nebenbei lassen sich solche Schulden nicht mehr bedienen. Sie müssen sich entscheiden, ob Sie einen langen, harten Kampf annehmen oder das Handtuch werfen wollen.

Abtasten

Zuerst möchte ich Sie im Ring begrüßen. Wir werden zusammen über 12 Runden gehen, aber keine Angst, es wird nicht sehr wehtun. Spätestens nach dem ersten Gong ist die Angst verschwunden. Bei mir war es schon ein langer Weg, bis ich mir meine Angst überhaupt ehrlich eingestehen konnte. Als ich dann endlich zu ihr stand, erkannte ich auch sofort den Vorteil, den ich meinem Feind durch diese unnötige Angst einräumte, und von diesem Moment an war sie weg.

Doch das erwarte ich von Ihnen gar nicht, denn all die Jahre des Boxens waren für mich unter anderem auch ein langer Prozess der Selbstfindung – hart, aber zugleich erleichternd und sehr selbstbeglückend. Wir werden sehen, in welcher Runde Sie sich finden, und ich freue mich schon jetzt, mit Ihnen im Ring zu stehen. Lächelnd und mit richtig viel Power.

»Wenn du wissen möchtest, was Gott von Geld hält, musst du dir nur die Leute anschauen, denen er es gegeben hat.«
Peter Bamm, Schriftsteller

Das Leben ist nicht immer der beste Trainer

Bevor der Kampf losgeht, denken Sie daran, was Sie bereits hinter sich haben. Das Training des Lebens? Wie oft schon steckten Sie in der Schuldenfalle, und wie haben Sie sich wieder herausgewunden? Das Leben ist gut, aber ein richtiger Trainer ist besser. Wir beide wissen genau, in welcher Form Sie sich heute befinden, in welcher Schuldensituation nämlich. Wir haben auch schon einen taktischen Plan im Hinterkopf, allerdings wissen wir nicht, wie gut unser Gegner wirklich ist. Egal, jetzt gibt es kein Zurück mehr.

Zuerst werden wir vom Ringsprecher vorgestellt und

Das Leben ist ein guter Lehrer – aber ein Trainer ist besser!

»Erfahrung ist der beste Schulmeister. Nur das Schulgeld ist teuer.«
Thomas Carlyle, Schriftsteller

können noch etwas Zeit schinden. Und dann kommt ein ganz wichtiger Punkt: das »Shakehands«, ein Zeichen der Fairness und des gegenseitigen Respektierens. Außerdem versichern wir uns, dass auch unser Gegner nicht mehr als nur zwei Fäuste hat, so wie wir. Im Schuldenkampf heißt das, dass wir die Situation relativieren müssen – auch wenn es noch so bedrohlich aussieht, es wird »nur« um Geld gehen, nicht ums Leben.
Beim ersten Kontakt mit dem Gegner spielt die Psyche die entscheidende Rolle, denn die Optik kann uns ganz schön Angst machen. Ich hatte mal einen Furcht erregenden Muskelprotz als Gegner, einen Mann mit Seehundschnauzer und einem schrecklich bösen Blick. Beim »Shakehands« kam ich ihm das erste Mal so nahe, dass ich einen weißen Pickel auf seiner Nase sah. Der böse Blick wirkte jetzt nur noch komisch, die Angst wechselte in ein befreites Lachen – und ich habe ihn in Runde 1 umgehauen.

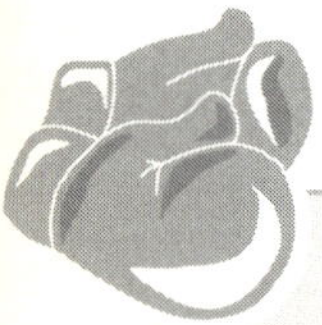

Tipp: Werfen Sie nie Papier weg, auf dem Zahlen stehen!
Diese Unterlagen sollten Sie sorgfältig aufheben und sammeln: Kontoauszüge – Daueraufträge und Einzugsermächtigungen – Lohn- und Gehaltsabrechnungen – Kreditverträge – Zahlungsaufforderungen / Mahnbescheide – Steuerbelege und -bescheide – Rechnungen / Belege von Anschaffungen – Versicherungsunterlagen – Nebenkostenabrechnungen – Mietverträge – Garantien und Gewährleistungen.

Manchmal wird ein Kampf bereits in der ersten Runde entschieden, aber dann immer durch K.O. Das ist uns Boxern natürlich das Liebste, dem zahlenden Publikum jedoch nicht. Wir ersparen uns mit einem schnellen Sieg Verletzungen, Schmerzen und blaue Flecke. Wenn es bei einer Überschuldung schon in

der ersten Runde hinhaut, war die Lage nicht so dramatisch, oder Sie haben im Lotto gewonnen. Gratuliere. Aber die Regel ist das nicht.
In der ersten Runde muss man seinen Gegner kennen lernen, man muss ihn vorsichtig belauern, beobachten, abtasten und seine Stärken und Schwächen ausmachen. So ist es auch bei den Schulden. Die Schulden sind unser Gegner – nicht etwa unsere Gläubiger. Wir müssen die Schulden kennen lernen. Wir müssen sie äußerst konzentriert und aufmerksam betrachten.

Die Schulden sind unsere Gegner – und nicht etwa unsere Gläubiger.

Legen Sie Ihre Schulden auf den Tisch

Das sollte die erste Übung zum Abtasten sein: Legen Sie Ihre Schulden auf den Tisch. Versuchen Sie Ihre Schulden mit Respekt zu behandeln. Denn man sollte im Boxring zwar keine Angst haben, aber wehe dem, der sein Gegenüber unterschätzt, sprich, ihm nicht genügend Respekt entgegenbringt – der kann böse überrascht werden. Hochmut kommt vor dem Fall. Im Ring wie bei den Schulden.
Abtasten bedeutet, sich einen klaren und kompletten Überblick zu verschaffen, Rechnungen und Kontoauszüge zu ordnen und durchzusehen, die ersten Schuldentelefonate oder Gespräche mit Gläubigern zu führen und die Augen nicht weiter zusammenzukneifen, sondern ganz weit aufzusperren.
Wenn man die wirkliche Höhe der Verschuldung schonungslos feststellt, wird man den Gegner klar erkennen und einschätzen können. Das klingt simpel, doch fast jeder trickst sich bei diesem Thema selber aus, denn die meisten Menschen verstecken ihre Schulden sogar vor sich selbst.
Meine Frau und ich haben uns damals lange vor der Wahrheit gedrückt und uns gegenseitig im Glauben

»Von meinem Patenonkel, der Bauunternehmer war, hab ich ein Prinzip übernommen: Ich verleihe prinzipiell kein Geld – wenn, dann verschenke ich es.«
Lisa Fitz, Kabarettistin

bestärkt, dass schon bald alles wieder gut laufen würde. Wir haben einfach auf meine bevorstehende Karriere im Boxring gesetzt. Viele verschuldete Menschen reden sich viel zu lange ein, dass alles von allein wieder gut werden wird oder dass ein Wunder geschieht. Aber das ist bewiesenermaßen ein Irrtum. Das Wunder trifft bei sieben Milliarden Menschen höchstens bei einem pro Tag ein!

Machen Sie einen Kassensturz

»Wer nur mit Peanuts bezahlt, wird auch nur von Affen bedient!«
Harald Schmidt, Entertainer

Und so werden Sie sich darüber klar, ob und wie hoch Sie verschuldet sind: Machen Sie zuerst einen Kassensturz. Was haben Sie an monatlichen Fixkosten? Dazu gehören Miete, Nebenkosten, Versicherungen, Fahrtkosten, Raten, Kfz-Steuer und bei Freiberuflern die monatlichen Steuervorauszahlungen. Dazu zählen Sie die Lebenshaltungskosten, durchschnittliche Summen für Telefon und Benzin und anteilig auf jeden Monat verteilt Kosten für besondere Aufwendungen wie Reisen und größere Anschaffungen. Diese Zahl versehen Sie mit einem dicken Minus – dann schreiben Sie darüber die Zahl, die Ihre monatlichen Einnahmen ausmacht. Nun müssen Sie nur noch von der oberen Zahl die untere abziehen.

Wenn am Ende ein Plus übrig bleibt, das etwa 10 % Ihrer Einnahmen oder mehr ausmacht, können Sie zufrieden sein.

Wenn die Rechnung Pi mal Daumen zu null aufgeht, so wie ein schlechtes Unentschieden nach Punkten, dann können Sie zwar durchatmen – allerdings wahrscheinlich nicht für lange. Denn Sie wandern gefährlich nahe an der Kante, hinter der der Schuldenabgrund lauert. Rechnungen, die Monat für Monat gerade mal so aufgehen, sind potenzielle Schul-

denfallen. Eine unerwartete Ausgabe, eine längere Krankheit, eine dringende Anschaffung, oft schon eine Fehlbuchung können Ihr sicheres Finanzgebäude ins Schwanken bringen. Nehmen Sie deshalb als Trainingseinheit das Ziel ins Visier, wenigstens für einen Monat Luft auf Ihrem Konto zu schaffen. Dafür gibt es – wie bei jeder Addition – zwei einfache Möglichkeiten: Sie erhöhen entweder das Plus oder Sie verringern das Minus.
Um das Plus zu erhöhen, müssen Sie mehr einnehmen. Überlegen Sie, ob Sie eine Gehaltserhöhung anstreben können. Welche Argumente haben Sie dafür? Können Sie einen Zweitjob annehmen? Können Sie auf 400-Euro-Basis Ihre Fachkenntnisse regelmäßig in der Nachbarschaft verwerten?

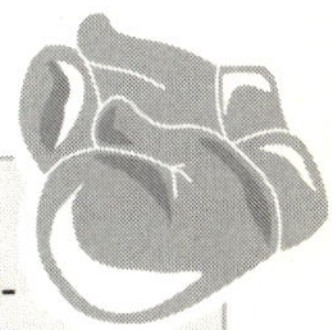

Tipp: Erfassen Sie alle Ausgaben
Wer jede Ausgabe erfasst und sammelt, gibt sein Geld überlegter aus und hat schneller einen Überblick, wenn es darum geht, wo man sparen kann. Denken Sie also daran:

1. Lassen Sie sich immer einen Kassenbon geben.
2. Sammeln Sie Rechnungen und Bons an einem bestimmten Platz.
3. Führen Sie ein Haushaltsbuch.
4. Machen Sie in der Mitte des Monats eine Halbzeitberechnung – so wissen Sie, wie viel Geld Ihnen noch für den restlichen Monat bleibt. Und ob Sie gut oder schlecht gewirtschaftethaben.
5. Kennzeichnen Sie Einkäufe, die Sie mit der Kreditkarte getätigt haben, auf dem Beleg mit einem großen »K«, damit Sie sie später bei der Kartenabrechnung kontrollieren können.

Durchforsten Sie Ihre Wohnung, Ihren Speicher, Ihre Garage. Was haben Sie an überflüssigen Schätzen herumstehen, die Sie nur noch aus Bequemlichkeit behalten? Verkaufen Sie sie. Im Internet zum Bei-

»Ein Staat kann sein Geld nicht besser anlegen, als dass er es in Babys steckt.«
Sir Winston Churchill, britischer Premierminister

spiel per ebay oder bei ricardo, durch eine kostenlose Kleinanzeige in »Kurz & Fündig« oder bei einem selbst initiierten Garagenflohmarkt.
Wenn Sie das monatliche Minus verringern wollen, heißt es sparen, am besten intelligent sparen. Nachdem Sie alle Ausgaben vor sich auf dem Tisch versammelt haben, können Sie ja gleich anfangen, sie auf Wichtigkeit zu überprüfen. Brauchen Sie das Zeitschriftenabo tatsächlich? Ist der Clubbeitrag nötig? Was lässt sich bei den hohen Autokosten ein-

Die besten Ausreden: Warum es so schrecklich schwer ist, in finanziellen Dingen für Klarheit zu sorgen

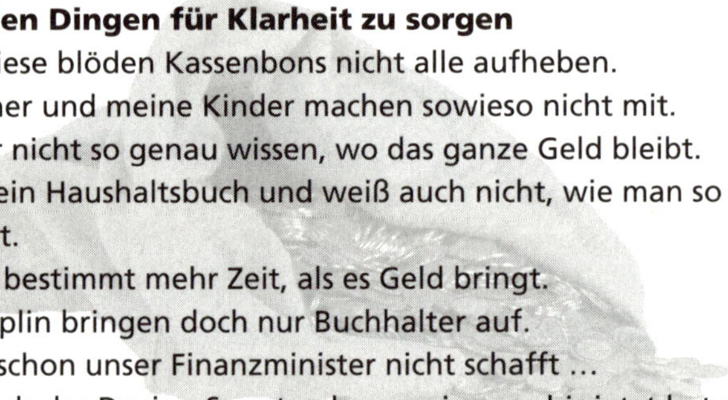

1. Ich kann diese blöden Kassenbons nicht alle aufheben.
2. Mein Partner und meine Kinder machen sowieso nicht mit.
3. Ich will gar nicht so genau wissen, wo das ganze Geld bleibt.
4. Ich habe kein Haushaltsbuch und weiß auch nicht, wie man so etwas führt.
5. Das kostet bestimmt mehr Zeit, als es Geld bringt.
6. Diese Disziplin bringen doch nur Buchhalter auf.
7. Wenn das schon unser Finanzminister nicht schafft …
8. Ich lebe nach der Devise: Spontan konsumieren – bis jetzt hat es noch immer jemand bezahlt. Sparen kann ich im Alter!

sparen? Kann Fitness nicht auch außerhalb eines Fitnessclubs trainiert werden? Sollte man ab und zu auf Schnäppchenjagd gehen? Ist das eigene Kaufverhalten zu sehr von Lust und Laune geprägt?
Diejenigen jedoch, die bei dieser Monatsabrechnung mit roten Zahlen sitzen bleiben, sollten das als Alarm verstehen. Sie sind verschuldet und auf dem besten Weg in die Überschuldung. Sie werden sich mit mir durch dieses Buch kämpfen müssen.

Bleiben Sie immer nahe am Gegner

Halten Sie Körperkontakt. Das ist etwas, das Boxer immer tun. Sie fassen gerne andere Leute an, nicht nur ihre Gegner. Neben dem schnellen Auge ist Körperkontakt das Beste, wenn man rauskriegen möchte, was der andere als Nächstes vorhat. Man spürt es am Zucken der Muskeln, ob er jetzt mit der Rechten oder mit der Linken zuschlagen will, ob er ausweichen oder klammern wird. Wenn man den anderen Körper spürt, entsteht eine innige Beziehung – und das ist nicht nur gut bei Gegnern im Ring, das ist auch gut beim eigenen Partner, bei den Kindern, bei Freunden – und bei Gläubigern.

Ein guter Schuldner kümmert sich um seinen Gläubiger und betrachtet ihn nicht nur als günstige Geldquelle oder gar als Feind. Er arbeitet auch für ihn.

Glauben Sie jetzt nur nicht, Sie müssten jeden, dem Sie etwas schulden, gleich in den Arm nehmen. Aber Sie sollten ihn ständig spüren lassen, dass Sie noch da sind. Es ist eine altbekannte Erfahrung für alle, die Geld verleihen – ob es nun Banken oder Privatleute sind –, dass man den Schuldner seltener sieht als vorher, als er noch keine Schulden bei einem hatte. Und das ist ein großer Fehler. Halten Sie Kontakt mit Ihren Gläubigern. Das gibt ihnen Sicherheit und hält sie bei Laune. Und außerdem erinnert es Sie daran, dass die Beziehung zu einem Menschen oder einer Institution nicht gleich schwierig werden muss, nur weil man etwas schuldig ist. Es gibt keinen Grund, dem Banker aus dem Weg zu gehen, auch und vor allem dann nicht, wenn man seine Schulden nicht so reibungslos zurückzahlen kann, wie man es geplant hatte. Reden Sie mit Ihren Gläubigern über Ihren Alltag, über neue Vorhaben, über Hoffnungen und konkrete Pläne. Sie geben ihnen damit die Gewissheit, dass da jemand ist, der seine Schulden ernst nimmt und sie zurückzahlen will. Ein guter Schuldner kümmert sich um seinen Gläubiger und betrachtet ihn nicht als günstige

»Alles was die Sozialisten von Geld verstehen, ist die Tatsache, dass sie es von anderen haben wollen.«
Konrad Adenauer, erster deutscher Bundeskanzler

Geldquelle oder gar als Feind, sondern er legt sich für ihn krumm. Sie müssen Ihren Gläubigern klarmachen, dass Sie neben Ihrem Lebensunterhalt hart und intensiv für die Rückführung Ihrer Schulden arbeiten. Ihre Gläubiger müssen erkennen, dass Sie eine Doppelbelastung auf sich nehmen – natürlich aus einer persönlichen Zwangslage heraus –, und sie müssen Sie dafür »schätzen«.

Unterschätzen Sie diese Beziehung nicht, denn wie oft passiert das Gegenteil: Häufig verschwinden Schuldner aus dem Blickfeld des Gläubigers – aus schlechtem Gewissen, aus Scham oder aus einem Gefühl der Unterlegenheit. Verinnerlichen Sie, dass Sie ein Partner sind. Ohne einen, der das Geld nimmt, wenn er es braucht, gibt es keinen, der sein Geld verleihen kann, weil er es so auf die einfachste Weise arbeiten lassen kann. Sie sind gleichberechtigt. So wie Ihre Hausbank sich Geld von der Zentralbank leiht. Nur sind deren Zinsen günstiger.

Bauen Sie Vertrauen zu Ihrem Gläubiger auf

Kontakt halten schafft Vertrauen. Und Vertrauen ist wichtig. Denn der Gläubiger ist »zutraulich«, er wird Ihnen länger vertrauen als einem Menschen, den er nie mehr sieht, nachdem er ihm etwas geliehen hat – und er wird seine Forderung nie an andere weitergeben, wenigstens nie, ohne es Ihnen vorher gesagt zu haben.

Denken Sie außerdem daran, dass Sie zwar Schulden in einer bestimmten Höhe gemacht haben und dass Ihr Gläubiger sein Geld zurückerwartet, dass man Geldschulden aber auch anders als in barer Münze zurückzahlen kann. Das geht bei Banken nicht, weil sie Institutionen sind, die in schlichten

Maßstäben rechnen müssen: in Geld eben. Doch bei allen privaten Gläubigern geht es. Überlegen Sie, ob Sie nicht etwas anzubieten haben, das der andere für Geld nicht kaufen kann. Das wäre zum Beispiel ein Programm für den Fall einer überraschend stockenden Rückzahlung: Ein privater Schuldner hat Ihnen Geld geliehen, und Sie können die vereinbarte Rate nicht pünktlich zahlen. Zuerst sollten Sie ihm sofort mitteilen, dass Sie in Verzug kommen. Dann ist Ihre Kreativität gefragt. Denken Sie nach: Was fehlt diesem Menschen? Sind es Kontakte, geschäftliche wie private? Können Sie ihm dabei helfen? Hat er ein aktuelles Problem, das

»Willst du den Wert des Gelds kennen lernen, dann geh hin und versuch dir welches zu leihen.«
Benjamin Franklin, Staatsmann und Schriftsteller

Tipp: Vorsicht bei Anfällen von Einkaufswahn!
An den festen Ausgaben können Sie nicht viel ändern – bei den veränderlichen dagegen lässt sich viel einsparen, zum Beispiel beim Einkauf von Lebensmitteln. In 70 % aller deutschen Haushalte verderben pro Jahr Lebensmittel im Wert von über 200 Euro.

1. Stimmen Sie Ihren Speiseplan einfach mit den Sonderangeboten ab.
2. Schreiben Sie immer einen Einkaufszettel und halten Sie sich daran.
3. Kaufen Sie nie ein, wenn Sie hungrig sind.
4. Machen Sie Preisvergleiche – das Billigste ist selten das Schlechteste.
5. Vermeiden Sie Einkäufe zu Stoßzeiten.
6. Kaufen Sie lieber Großpackungen als Portionen oder »Single Meals«.
7. Betreiben Sie eine überlegte Vorratshaltung bei Sonderangeboten.
8. Verzichten Sie auf Spontankäufe.

nichts mit Geld zu tun hat? Vergessen Sie nicht, dass Sie als Schuldner plötzlich einen starken persönlichen Bezug zu diesem Menschen haben. Sie können ihm sogar bei partnerschaftlichen Problemen Ratschläge und Hilfestellung geben. Braucht der Mensch handfeste Hilfe? Umzug, Umbau, Repa-

raturen oder Tipps für den Garten? Können Sie ihm jemand vermitteln, der ihn geschäftlich oder privat weiterbringt?
Hier sehe ich die größten Chancen zu helfen, ohne ein Genie oder reich zu sein. Ich konnte meinen Gläubigern helfen, indem ich Vorträge gehalten habe, für sie individuelle Fitness-Trainings zusammengestellt und sie ab und zu als Bodyguard begleitet habe. Jeder kann und weiß etwas, das ein anderer gebrauchen kann. Dieses Wissen und diese Fähigkeiten sollten Sie in die Waagschale werfen, wenn die Schuldenbedienung einmal stockt.

Sollte das alles nicht klappen, müssen Sie sich damit abfinden, dass Sie sich vom Falschen Geld ausgeliehen haben. Dann müssen Sie es ihm eben ganz

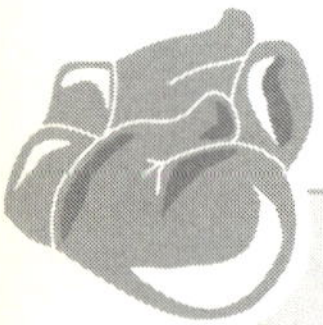

Tipp: Machen Sie Budgetpläne!
Legen Sie eine Prioritätenliste an. Welche Schulden sind am wichtigsten, welche lassen sich strecken, welche in kleineren Raten abzahlen? Machen Sie einen Plan für den nächsten Monat, einen für das nächste Vierteljahr, einen für das nächste Jahr. Halten Sie in diesen Budgetplänen nicht nur fest, was und wie viel Sie jeweils zurückzahlen müssen, sondern auch, welche großen weiteren Ausgaben in welchem Monat auf Sie zukommen. Denken Sie an Steuern und Versicherungen, an Ihr Auto, an Zahnersatz und mögliche Operationen, Geburtstage und den Jahresurlaub!

straight und unkreativ zurückzahlen. Dass er unter dem Strich einen Verlust dabei erleidet, ist sein Problem. Er kriegt nur sein Geld zurück. Dabei hätte er mehr haben können. Pech. Aber nicht Ihr Problem!

Ringpause

Lassen Sie sich vom Trainer auf die zweite Runde einstellen. Im Normalfall übersteht ein Boxer die erste Runde locker, weil er ja auf eine lange Distanz vorbereitet ist – falls der Gegner es nicht schafft, ihn gleich am Anfang zu hart zu treffen. Sie sind noch frisch und zuversichtlich und haben sich hoffentlich ein klares Bild von Ihrer Lage gemacht!

»Geld allein macht nicht unglücklich.«
Peter Falk, Schauspieler

Nehmerqualitäten

In dieser Runde heißt es, den Gegenangriff aushalten und die beste Strategie dagegen finden.

In der zweiten Runde geht ein Boxkampf erst richtig los. Jetzt hat man seinen Gegner kennen gelernt, jetzt kann man ihn einschätzen, man kennt seine Qualitäten und seine Schwächen. Zumindest meint man das, aber was ganz sicher ist: Er kennt auf jeden Fall auch unsere Stärken und Schwächen. Jetzt können wir taktische Kniffe ausprobieren, denn wir sind noch fit. In dieser Runde heißt es, die Strategie zu finden, die am meisten Erfolg verspricht.
Im Schuldenkampf geht es nun auch erst richtig los. Jetzt sind Nehmerqualitäten gefragt. Wir können noch nicht zurückschlagen, wir müssen erst mal einstecken. Aber keine Angst, das gehört zum Spiel.

Das Leben ist ein ernsthaftes Spiel

Lernen Sie zu relativieren: Schulden sind hart – aber was sind sie gegen Hunger, Vertreibung, Krankheit, Krieg und Tod!

Jeder, der wirklich drückende Schulden hat, wird jetzt aufstöhnen: »Spiel! Ihr habt ja keine Ahnung, wie ernst das ist.« Das stimmt und stimmt nicht. Sport ist Spiel und trotzdem mehr. Und Schulden können das Leben schrecklich beschwerlich machen. Doch man muss immer relativieren, auch in Notzeiten. Angesichts wirklich wichtiger Dinge, wie der Tod eines geliebten Menschen oder eine lebenslange Behinderung, werden Schulden relativ. Sozialarbeit macht dankbar und zeigt die Welt in einem neuen Licht. Wer für behinderte, arme oder alte Menschen arbeitet, bekommt auch immer wieder seinen Kopf frei und bewahrt sich vor Selbstmitleid. In unserer Familie war dieses Thema stets präsent, denn meine jüngere Schwester litt seit ihrer Geburt an einer geistigen Behinderung. Meine Eltern und wir Kinder wussten also schon immer, dass es Schlimmeres gibt als Geldsorgen. Das »wirklich

Wichtige« ist eine stabile Basis, die Sie für Ihr Leben erkennen sollten. Trotzdem müssen Sie Schulden ernst und wichtig nehmen und Sie müssen professionell damit umgehen. Vor allem wenn die Gläubiger nicht so nett sind wie Sie selbst.

»Wenn man kein Geld hat, denkt man immer an Geld. Wenn man Geld hat, denkt man immer an noch mehr Geld.«
Paul Getty, US-Millionär

Gläubiger müssen nicht nett sein

Besonders unfreundliche Gläubiger sind in der Regel die Banken. Sie leben zwar von unserem Geld, aber das scheinen sie vergessen zu haben.
Die Frage ist nun, ob Sie »umschulden« wollen – das geht bei der Bank, etwa so, dass Sie einen überzogenen Dispokredit, der extrem teuer ist, in einen Klein-

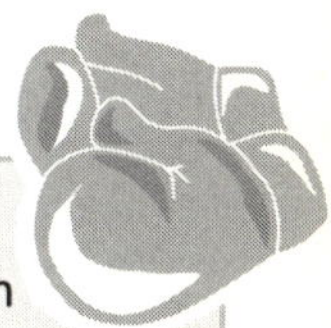

Tipp: Kreditzahlung auf Raten und ihre Gefahren
Auch wenn Sie regelmäßig Raten zahlen, kann es sein, dass sich Ihre Schulden nicht verringern. Wenn die eingehenden Beträge nämlich geringer sind als die laufenden Zinsen, bewahrheitet sich das Wort »laufende« – Sie laufen den Zinsen hinterher. Die Hauptforderung verringert sich nicht. Nach dem Verbraucherkreditrecht muss jede Ratenzahlung nämlich zuerst folgende Kosten reduzieren: an erster Stelle die Mahn-, Rechtsanwalts- und Gerichtskosten, dann die Hauptforderung und erst zum Schluss die Zinsen. Sie haben bei Verbraucherkrediten das Recht, die Verrechnungsform zu Ihren Gunsten abzuändern. Wenn Sie also mit dem Hinweis »Verrechnung mit der Hauptforderung« überweisen, bleiben die Kosten und Zinsen erst einmal davon unbehelligt. Allerdings muss der Gläubiger dabei zustimmen.

kredit mit fester Laufzeit umwandeln. Empfehlenswert ist das nur, wenn Sie tatsächlich in nächster Zeit keine Möglichkeit sehen, Ihr Konto wieder auszugleichen, wenn Sie also »Luft« brauchen. Und Luft

braucht auch jeder Boxer, wenn er ein paar heftige Schläge auf den Solarplexus bekommen hat, die ihm den Atem nehmen. Boxer klammern dann, halten sich am anderen fest, bis sie wieder frei atmen können und neue Kraft geschöpft haben. Sie können bei solchen Kurzschulden natürlich auch Freunde um ein Darlehen angehen, das Ihnen Luft verschafft. Überlegen Sie jedoch gut, ob Sie die eine Luft, die Sie bei der Bank bekommen haben, nicht wieder an die Freunde verlieren. Nehmen Sie sogar von den allerbesten Freunden nur Geld an, wenn Sie sicher sind, dass die deswegen nicht selbst ins Schwimmen geraten. Denn dann kommen Sie vom Regen in die Traufe. Und es ist schlimmer, Freunde zu vertrösten als Banken, die sowieso genügend Geld haben.
Wenn Sie bei der Bank als nicht kreditwürdig gelten, sind die ersten Gläubiger immer Freunde und Verwandte.

»Kein Geld zu haben ist Scheiße, aber wenn du erst einmal an viel Geld kommst, fangen die Probleme erst richtig an. Du findest dich plötzlich von einem Rudel Aasgeier umgeben, die alle nur ›dein Bestes‹ wollen – nämlich dein Geld. Und wenn du nicht gut aufpasst, hast du bald keines mehr!«
Ralf Rocchigiani, Boxer

Freunde in der Not?

Jetzt trennen sich die wahren von den falschen Freunden, die Freunde in der Not von den Freunden, die nur mit einem feiern und lachen wollen. Aber das dürfen Sie ihnen nicht vorwerfen. Überhaupt bringt es nichts, Menschen für die eigenen Schwierigkeiten verantwortlich zu machen. Ich finde es absolut legitim, wenn mir jemand nicht helfen möchte, denn es gibt gute Gründe, die das rechtfertigen. Als ich Geld für meinen Sport auftreiben musste, haben mir sogar Millionäre gesagt: »Nein, lieber nicht. Daran zerbrechen Freundschaften zu leicht.« Solche klaren Absagen sind mir tausendmal lieber als die scheinheiligen Lippenbekenntnisse derjenigen, die ja so gerne helfen würden, aber leider gerade gestern 100.000 Franken in Luxemburg investiert haben.

Und dann schütteln sie bedauernd den Kopf und sagen: »Hättest du gestern gefragt. Da wäre es kein Problem gewesen.« Darauf kann ich verzichten.

Es ist eine sensible Angelegenheit, sich Geld von Freunden und Bekannten zu leihen. Überprüfen Sie deshalb vor einem solchen Schritt lieber genau Ihre

Tipp: Kein Konto?
Wenn Sie bei der Schufa bereits auffällig geworden sind, werden Ihnen manche Banken die Kontoeröffnung verweigern. In den meisten Bundesländern haben Sie bei einer Sparkasse grundsätzlich einen Rechtsanspruch auf die Eröffnung eines Kontos. Auch die »Großen« haben sich selbstverpflichtet, für jeden ein Konto auf Guthabenbasis zur Verfügung zu stellen. Sollte sich die Bank trotzdem weigern, lassen Sie sich den Grund schriftlich bestätigen und gehen Sie zu einer Schuldnerberatung.

Reserven. Gibt es Versicherungen, die Sie risikolos zeitweise stilllegen können? Haben Sie noch ruhendes Vermögen, längst vergessene Gelder, Anteile an geparktem Familienbesitz, Erbanteile?
Wenn Sie sich nicht gerade mit der gesamten Verwandtschaft überworfen haben, fragen Sie dort zuerst. Zum einen sollte die Solidarität hier größer sein, zum anderen wird der Druck bei schleppender Rückzahlung nicht so schlimm werden. Haben Sie enge Freunde, die Sie bisher nicht zu fragen wagten, aus Angst, Ihr Bild bei ihnen könnte leiden? Fragen Sie Kollegen, denen Sie vertrauen, fragen Sie alte Schulkameraden und gute Bekannte. Fragen Sie einfach jeden, bei dem Sie gerne verschuldet wären. Sie haben richtig gelesen – es gibt bestimmt viele Menschen, die zwar Geld haben, mit denen Sie aber nicht gerne etwas zu tun hätten. Das sind auch kei-

»In meiner Glamourwelt ist Geld besonders wichtig. Ich kann nicht in einem Kaufhauskleid zu einer Award-Verleihung gehen.«
Betina Campell, Pornostar

Wenn Sie nicht fragen, können Sie auch keine Hilfe erwarten.

ne guten Gläubiger, denn Sie werden mit ihnen zu tun haben! Man kann alles fragen, aber nicht jeden. Es gab schon Leute aus der Nachbarschaft, die, nachdem sie in der Zeitung gelesen hatten, wie es mir ging, zu mir kamen und fragten, warum ich ihnen denn nichts gesagt hätte. Viel mehr Menschen, als man denken würde, helfen gerne – aber bei ihren hellseherischen Fähigkeiten hapert es. Wen Sie nicht fragen, der kann Ihnen auch nicht helfen.

Zinsfrei leihen

Versuchen Sie – wenn man Ihnen das nicht sowieso anbietet – von Freunden erst einmal zinsfrei Geld zu leihen und die Zinsen dafür kreativ »abzuarbeiten«. Überlegen Sie, was Sie für diese Person im Gegenzug tun könnten, und wenn Sie das gut machen, kann vielleicht sogar eine längerfristige Geschäftsbeziehung daraus werden. Machen Sie den Leuten

Tipp: Vorsicht bei Mietschulden!
Das Dach über dem Kopf ist die wichtigste Basis für alle, die wegen ihrer Schulden nicht gleich aufgeben wollen. Wer kämpfen will, braucht ein Zuhause. Wenn Sie überlegen, ob Sie eher die Raten für die neue Schrankwand oder die Miete zahlen wollen – vergessen Sie die Schrankwand! Sollten Sie tatsächlich die Miete ganz oder teilweise nicht zahlen können, müssen Sie sich sofort mit dem Vermieter in Verbindung setzen, um Aufschub bitten oder eine ratenweise Rückzahlung der Mietschuld vereinbaren. Viele Vermieter sind offen für ein ehrliches Gespräch, denn sie haben auf der einen Seite Verständnis für finanzielle Engpässe, auf der anderen Seite denken sie daran, wie viel Aufwand eine Aufhebung des Mietverhältnisses und eine Neuvermietung bedeuten kann. Bei einer drohenden Kündigung sollten Sie sofort mit dem zuständigen Sozialamt über eine Mietübernahme verhandeln.

klar, dass »Geld nicht arbeiten kann« – aber Sie können es, und davon hat der andere mehr als nur Zinsen.
Denken Sie jedoch nicht nur ans Geld, denken Sie an Ihre eigene seelische Stabilität. Jetzt kommt eine schwere Zeit auf Sie zu. Erschweren Sie sie nicht zu-

Training: Der Zettelkasten als Boxsack

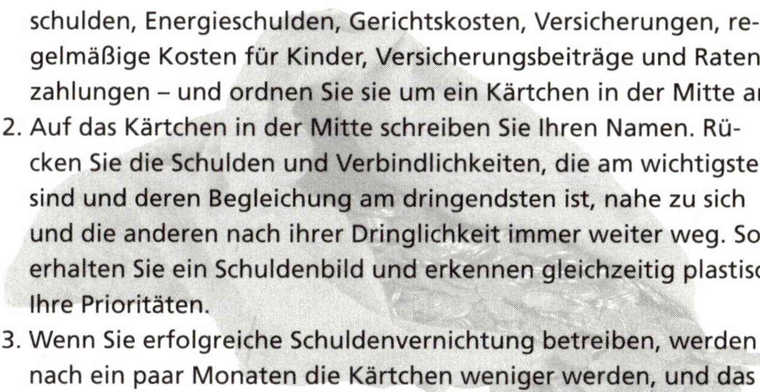

1. Schreiben Sie alle Schulden und Verbindlichkeiten, die Sie jeden Monat abzahlen müssen, einzeln auf kleine Kärtchen – Bankschulden, Energieschulden, Gerichtskosten, Versicherungen, regelmäßige Kosten für Kinder, Versicherungsbeiträge und Ratenzahlungen – und ordnen Sie sie um ein Kärtchen in der Mitte an.
2. Auf das Kärtchen in der Mitte schreiben Sie Ihren Namen. Rücken Sie die Schulden und Verbindlichkeiten, die am wichtigsten sind und deren Begleichung am dringendsten ist, nahe zu sich und die anderen nach ihrer Dringlichkeit immer weiter weg. So erhalten Sie ein Schuldenbild und erkennen gleichzeitig plastisch Ihre Prioritäten.
3. Wenn Sie erfolgreiche Schuldenvernichtung betreiben, werden nach ein paar Monaten die Kärtchen weniger werden, und das Bild, das Sie jeden Monat neu aufbauen, kann Sie psychologisch extrem motivieren. Man muss sehen, wie die Schulden langsam weniger werden, damit man dabeibleibt. Das entspricht einem Boxkampf, bei dem der Herausforderer spürt, wie sein Gegner von Runde zu Runde schwächer wird.

sätzlich, indem Sie Ihren Partner, Kinder, Verwandte und Freunde vor den Kopf stoßen oder sich zurückziehen. Suchen Sie die Nähe der Menschen, die wichtig für Sie sind, denn sie können Ihnen Kraft geben. Klären Sie Probleme und Missverständnisse aus der Vergangenheit auf und versöhnen Sie sich. Sie kämpfen besser, wenn Sie eine kleine Streit-

macht im Rücken haben, wenigstens eine Fankurve. Schulden können – wie alle Schwierigkeiten und Prüfungen – neue Einsichten und Energien in den Menschen wecken.
Versuchen Sie jetzt neue Türen aufzustoßen. Wer weiß, wohin Sie dadurch gelangen können.

Ringpause

»Was verkürzt die Zeit? Tätigkeit. Was macht sie unerträglich lang? Müßiggang. Was bringt Schulden? Harren und dulden. Was macht gewinnen? Nicht lange besinnen. Was bringt Ehren? Sich wehren.«
Johann Wolfgang von Goethe

Der Trainer baut Sie auf. Luft haben bedeutet, der eigenen Luft zu vertrauen. Schauen Sie sich genau an, wo Sie stehen. Geraten Sie nicht in Panik. Ein kleines Boxdetail am Rande: In der Pause zieht der Trainer die Hose nicht deswegen weg, um die Lage der Geschlechtsteile auszuspähen, er will dem Boxer nur eine kurze Erlösung vom drückenden Hosenbund verschaffen. Sie ahnen ja gar nicht, wie gut das tut, wenn der Druck am Bauch mal für eine halbe Minute weg ist.
Nehmen auch Sie Druck weg, tun Sie sich selbst und der Familie Gutes. Tanken Sie Kraft. Unternehmen Sie gemeinsam etwas Schönes. Schmusen Sie mit dem Partner und den Kindern. Reden Sie immer offen und ehrlich über Ihre Situation. Fahren Sie in die Natur und schalten Sie ab. Besuchen Sie Freunde. Denken Sie an kranke und arme Menschen und versuchen Sie ihnen zu helfen. Schauen Sie demütig in den Sternenhimmel. Erklären Sie den Kindern, wie die Welt in Arme und Reiche aufgeteilt ist, und dass alle paar Sekunden ein Kind auf unserer Erde stirbt, weil es nichts zu essen oder zu trinken hat. Denken Sie daran, dass es Ihnen und Ihrer Familie noch immer besser geht als den meisten Menschen auf diesem Planeten. All das wird Ihnen sehr viel Kraft geben!

Stellungsfehler

In der dritten Runde kommt die erste Sekunde der Wahrheit: Entweder man ist sich plötzlich sicher, dass man das Ding im Sack hat, oder man spürt auf einmal, dass der Gegner stärker ist, als man dachte. Im Schuldenfight passiert in diesem Moment meist dasselbe. Entweder Sie spüren (oder Sie glauben zu spüren), dass Sie diesen ganzen Geldwahn im Griff haben, oder Sie kriegen Angst, weil Sie ahnen, dass Sie der Geldwahn zu Boden kämpfen könnte.
Besser ist das Zweite. Ersteres macht leichtsinnig und lädt den Gegner zu überraschenden Gegenschlägen ein. Letzteres ist ein gutes Signal, denn es ist immer hilfreich, Respekt vor der Realität zu haben.
1995 nach meinem Sieg über einen starken Russen war ich erstmals in den Top 12 der Weltrangliste aufgenommen und WM-berechtigt. Ich wollte damals gegen Henry Maske antreten, und das so schnell wie möglich. Aber weil Henry noch andere Pläne hatte, musste ich einen Zwischenkampf in der Schweiz einlegen. Wir suchten uns als Gegner einen starken Engländer als Gradmesser aus. Eigentlich lief damals alles großartig – eben so gut, dass ich ein bisschen leichtsinnig wurde.
Dann erinnere ich mich nur noch, dass der Boxring im Kursaal von Bern wie ein Lift in die Halle hochfuhr und wir oben in die tosende Menge der Fans eintauchten. Doch ich merkte schon beim Hochfahren, dass irgendwas nicht stimmte. Ich kam mir vor, als würde ich als kleines Männchen ganz hinten in meinem Kopf sitzen und durch zwei vernebelte Röhren in den Ring schauen. Ich sah alles nur auf mich zukommen und konnte lediglich reagieren, ich war zu schwach oder zu abgedreht, um selber zu agieren. In der fünften Runde brach der Ringrichter den Kampf ab, und ich hatte verloren. An diesem Tag war ich

»Als ich 1986 meinen schweren Unfall hatte und dadurch die Einnahmen ausblieben, schickten mir die Schweizer Steuerbehörden sofort Mahnbescheide. Wenn man am Tropf hängt und um sein Leben bangt, bekommt man zu aller Not auch noch Zukunftsangst. Ich kriege heute noch einen Hass auf diese Beamten, wenn ich daran denke.«
Marc Surer, Ex-Formel-1-Rennfahrer

»Geld verdirbt nicht den Charakter, es bringt nur dein wahres Gesicht zum Vorschein.«
kurdischer Spruch

zum ersten Mal mit Doping in Berührung gekommen. Ich habe zwar meinen Verdacht, kann aber bis heute nicht sicher sagen, wer mir damals etwas „untergejubelt" hatte. Doch ich habe daraus gelernt. Seitdem habe ich vor einem Kampf nie wieder etwas getrunken, das ich nicht eigenhändig gekauft und von meinem Team bewachen lassen habe. Außerdem koche ich vor einem Kampf entweder selbst, oder ich fahre spontan in ein Restaurant, wo keiner mich kennt. Damals habe ich erfahren, dass, wenn alles gut läuft, immer noch irgendwo Feinde lauern können, mit denen man nicht gerechnet hat.

Einmal schon »fast« gewonnen zu haben macht viele leichtsinnig. Wenn Sie sich eine Zeit lang mächtig angestrengt haben und Ihre Schulden tatsächlich ein großes Stück abbauen konnten, kommt meist die Überheblichkeit. Wer so tapfer durchgehalten hat, der ist irgendwann erschöpft und lechzt nach einer kleinen Belohnung. Der Konsumwahn kehrt zurück. Man leistet sich eine Kleinigkeit, ein Abendessen in

Tipp: Mobilität ist teuer!

Nach den Aufwendungen für Miete und Nahrungsmittel stehen die Autokosten an dritter Stelle der Gesamtausgaben eines Haushalts. Und dabei müssen Sie nicht einmal fahren. Zu den kilometerunabhängigen Kosten eines Wagens zählen der Wertverlust, die Kosten für Steuer und Versicherung, Wartung und Reparatur. Für einen bis zu vier Jahre alten Mittelklassewagen muss man im Monat 170 bis 250 Euro zahlen, ohne auch nur einen Kilometer gefahren zu sein!

einem wirklich teuren Restaurant, eine neue Lederjacke, vielleicht sogar ein neues Auto. Wieso nicht? Man hat doch schließlich allen bewiesen, dass man seine Finanzen im Griff hat. Dabei sind die Schulden

nicht verschwunden, sie haben sich nur deutlich zurückdrängen lassen.
Wer jetzt nicht aufpasst, dem droht sofort der nächste Absturz. Gläubiger sind hellwach, vor allem Kreditinstitute. Wenn Sie einen Kredit bedient haben und gleich den nächsten möchten, werden alle Banker auf dieser Welt hellhörig. Sie denken nicht (wie Sie vielleicht glauben), dass dieser Kunde besonders zuverlässig ist, weil er doch so prompt gezahlt hat. Nein, das ist für Banken der Normalfall. Sie wundern sich, dass dieser Mensch schon wieder Geld haben will – und sie werden misstrauisch. Beim nächsten Kredit werden sie Sie noch aufmerksamer beobachten.

»Ich bewundere den Mut von Stefan Angehrn, diesen harten Weg so konsequent gegangen zu sein. Die meisten Leute hätten wohl den einfacheren Weg der privaten Insolvenz gewählt, aber als Sportler nimmt man solche Herausforderungen wohl leichter an und geht auch mal den schweren Weg. Bravo, Stef!«
Carlo Thränhardt, Hochspringer

Von der einen Tasche in die andere

Und weil die meisten glauben, sie würden dieses Spielchen mit dem geliehenen Geld beherrschen, werden sie leichtsinnig. Sie gehen lockerer mit ihren Raten und Verpflichtungen um und fangen an zu jonglieren. Vom einen Konto auf das andere, Vorschüsse beim Arbeitgeber, Weihnachts- und Urlaubsgeld verplanen, Notreserven angreifen … und sie verspäten sich prompt beim Zurückzahlen. Solche Verspätungen rächen sich bitter. Dabei denke ich an meinen Kampf mit Kalin Stojanov 1992 in Schaffhausen. Ich war mir zu sicher und musste schwere Minuten durchstehen. Ganz knapp habe ich damals doch noch gewonnen. Ich fing mir ein paar Dinger ein, die mich in anderen Kämpfen sofort hellwach gemacht hätten. Aber ich hatte das Gefühl, dass ich den Gegner im Griff hätte, ich glaubte zu tänzeln, aber in Wirklichkeit stolperte ich.
Bei Schuldnern ist das ein typisches Merkmal für die Hybris, für das Gefühl, unschlagbar zu sein. Sie stolpern und glauben, sie tänzeln eigentlich elegant. Hel-

»Es ist völlig in Ordnung, Schulden zu machen, wenn es in der Absicht passiert, sie auch wieder zurückzuzahlen. Aber man muss auch seinen Lebensstil darauf umstellen. Leute mit Schulden, die sich auch noch eine Rolex kaufen, machen mich wütend.«
Niki Lauda, Formel-1-Legende

fen könnte Ihnen jetzt nur ein Trainer, der Ihnen aus Ihrer Ecke eine deutliche Warnung zuruft – aber Sie haben ja keinen Trainer, denn Sie glauben, Sie brauchen keinen. Auch ich habe oft Ratschläge in den Wind geschossen – von Freunden, von Geschäftsleuten und von meiner Frau. Dabei hätte ich mit etwas Zuhören merken können, dass sie Recht hatten. Doch wer sich für unbesiegbar hält, hört nur selten zu.

Selbstüberschätzung ist gefährlich

Bei Boxern steht immer jemand in der Ecke, der den Überblick behält, und so überstand ich damals auch diese sechs Runden gegen Kalin Stojanov.
Hören Sie also auf meine Warnung: Die Gefahr in der dritten Runde, in der Runde der Selbstüberschätzung, sind böse Stellungsfehler. Setzen Sie sich jeden Abend an den Schreibtisch und gehen Sie Ihre aktuellen Verbindlichkeiten durch. Vielleicht können Sie einige der letzten Ausgaben wieder rückgängig machen. Die für das Essen und die Lederjacke nicht, aber brauchen Sie das neue Auto tatsächlich? Können Sie es wieder zurückgeben, auch wenn Sie ein wenig Geld dabei verlieren? Vielleicht reicht der Teil der Anzahlung, den Sie zurückbekommen, ja für einen netten Gebrauchten, der Ihren Geldbeutel wenigstens nicht so stark belastet.
Und wie sieht es mit den anderen Schulden aus? Haben Sie leichtsinnigerweise die Rückzahlungen schleifen lassen? Das macht man das erste Mal aus Versehen. Dann denkt man: »Hey, der meldet sich ja gar nicht, obwohl ich die Rate nicht bezahlt hab!« Auch im nächsten Monat nicht. Vielleicht hat er die Schulden vergessen. Aber irgendwann kommt dann der Zahlungsbefehl. Unregelmäßigkeiten und Verspätungen rächen sich bei Schuldnern sofort.

Nehmen Sie mit allen Gläubigern Kontakt auf. Rufen Sie an, schreiben Sie Briefe, vor allem auch, wenn etwas nicht geklappt hat, denn dann ist es

Tipp: Sprit sparen ist nicht schwer
Der Treibstoffverbrauch lässt sich spürbar senken durch:
1. Richtigen Reifendruck. Niedriger Druck verschleißt die Reifen schneller und kostet mehr Sprit.
2. Fahren mit niedriger Drehzahl.
3. Planung. Termine und Einkäufe am besten so legen, dass man alles auf einem Weg erledigen kann.
4. Lassen Sie den Wagen für Kurzstrecken einfach stehen. Ein kalter Motor verbraucht bis zu 40 % mehr Kraftstoff als ein warmer.
5. Fahren Sie keinen Ballast spazieren: Das sind schwere Dachgepäckträger und Unnötiges im Kofferraum.

umso wichtiger, dass der Gläubiger es von Ihnen persönlich erfährt. Sie können bei dieser Gelegenheit gleich erklären, was genau schief lief, das schafft Vertrauen. Erzählen Sie von Ihren aktuellen Anstrengungen, Geld zu verdienen, und wenn es selbstständige Jobs sind, versuchen Sie die Gläubiger in Ihre Tätigkeit mit einzubeziehen. Bieten Sie ihnen Ihre Arbeitskraft an, verschaffen Sie ihnen nötige Kontakte. So können Sie mit der Hilfe Ihrer Gläubiger erfolgreich werden, und die kommen umgekehrt an ihr Geld. Ein neues Geschäftsmodell.

»Wer aufhört, seine Kontoauszüge zu lesen, um Geld zu sparen, kann auch seine Uhr anhalten, um Zeit zu sparen.«
Henry Ford, US-Unternehmer

Geben und Nehmen

Immer wieder tat es mir gut, dass meine Geschichte so viel Öffentlichkeit erhielt, denn dadurch bin ich in unserem Land für zahlreiche Menschen ein Vorbild

»Das Geld zieht nur den Eigennutz an und verführt stets unwiderstehlich zum Missbrauch.«
Albert Einstein, Physiker

des Kampfes und des Besiegens aller Hindernisse geworden. Mich rufen immer wieder verzweifelte Menschen an, die mit ihrem Leben nicht fertig werden, fragen mich um Rat oder wollen einfach Kraft und Mut tanken. Sie kommen gar nicht auf den Gedanken, dass sie mir damit genauso viel Kraft und Mut zurückgeben.

Plötzliche Niederschläge!

Solche Schläge – man nennt sie auch gerne »Schicksalsschläge« – können Sie immer treffen. Aus heiterem Himmel. Partnerschaftsprobleme sind im Schuldenstress nicht selten. Plötzlich macht der Motor Ihres Wagens schlapp, und Sie müssen einen neuen organisieren. Die Heizung in Ihrem Eigenheim gibt

Training: Vorsicht vor Verbraucherfallen!
Supermärkte haben viele Tricks auf Lager, um Sie zum Einkaufen zu verführen: Sie sollen mehr, Teureres und Überflüssiges kaufen. »Bückware« nennt man etwa die preiswerten Alternativen der teureren Artikel, die in Augenhöhe im Regal stehen. Grundnahrungsmittel muss man regelmäßig in den Seitengängen suchen. Große Preisschilder mit der Ankündigung »Sonderangebot« bedeuten nicht, dass das auch die billigsten Waren sind. Große Einkaufswagen sind ein besonders perfider Trick: Je größer der Wagen, umso mickriger sehen die paar Sachen aus, die man hineinlegt. Automatisch will man den Wagen voll kriegen. Enge und kurvige Gänge bremsen energische Einkäufer und setzen sie den Verkaufsreizen länger aus. Die tatsächlichen Billigangebote finden sich meist erst kurz vor der Kasse, wo sich kaum noch jemand traut, das Teurere gegen das Billigere auszutauschen.

den Geist auf, und Sie brauchen sofort eine neue. Zahnersatz, Operationen, Unfälle, Steuernachforderungen, Kurzarbeit!
Bevor Sie jetzt wieder weiterboxen – nein, beim Boxen geht das ja nicht –, bevor Sie also weiter den Schuldenkampf führen, sollten Sie sich einen »Vogel-Strauß-Tag« gönnen, und der geht so: Decke über den Kopf, einen Tag zu Hause bleiben, nicht ans Telefon gehen, jammern und heulen, einen über den Durst trinken – aber danach ist wieder Schluss! Am Tag darauf stehen Sie wieder voll auf der Matte!

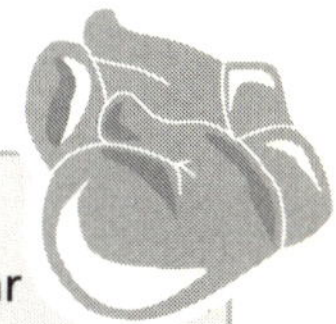

Tipp: Kostenfaktor auf vier Rädern
Autos sind Geldfresser. Wenn Sie es sich leisten können, Ihr Auto für eine Zeit stillzulegen, sparen Sie Benzin, Steuer und Versicherung. Für die Fahrt zur Arbeit könnte man eine Fahrgemeinschaft mit Kollegen gründen. Überlegen Sie, ob es gerecht und intelligent ist, den Wagen mit immer teurerem Benzin zu füttern, während Sie dafür nur noch das essen können, was Ihnen nicht schmeckt.

Plötzliche Niederschläge kommen gerne, wenn die Aufmerksamkeit nachlässt und wir uns unschlagbar fühlen. Nach meinem großartigen Sieg über Thorsten May und mit Blick auf die im nächsten Jahr anstehende Weltmeisterschaft ließ ich mich überreden, ein »standesgemäßes« Auto zu kaufen: ein Mercedes Cabrio. Finanziell war ich da gerade zum ersten Mal in den letzten zehn Jahren knapp über null. Da ich zwar ein Auto brauchte, mir dieses Nobelteil aber niemals leisten könnte, überzeugten mich gute Freunde, dass es davon in der Schweiz gerade mal 30 Stück geben würde und meines in einer einmaligen Ausführung für schlappe 120.000

»Die höchsten Kilometerkosten von allen Wagentypen haben immer noch die Einkaufswagen im Supermarkt.«
Lothar Späth, Politiker

»Schulden sind der geniale Ersatz für die Kette und Peitsche des Sklaventreibers.«
Ambrose Bierce, Schriftsteller und Satiriker

Franken zu haben wäre. Ganz klar: eine gute Kapitalanlage. Die WM kam nie, der Wagen schon – und ich hatte längst wieder Schulden. Doch ich war zu feige für einen Rückzieher. Also ließ ich die Kiste lieber in der Garage stehen, und wenn ich doch mal damit fuhr, fühlte ich mich nicht wohl. So ein Auto passt einfach nicht zu einem Schuldner – obwohl Herr Schneider da anderer Meinung gewesen wäre. Ich gab den Wagen dann nach zwei Jahren zurück, nachdem ich monatlich 1.550 Franken Leasing-Gebühren bezahlt hatte und gerade mal 2.987 Kilometer auf dem Tacho hatte – 27.000 Kilometer weniger, als mir nach dem Leasing-Vertrag zugestan-

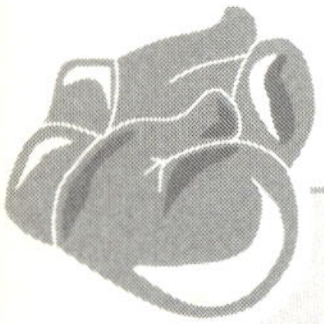

Tipp: Was Autos wirklich kosten!

Wer Schulden hat, geht nicht gerne mit den »wahren« Zahlen um – gerade beim Auto verhängnisvoll. Die meisten glauben, ihr Auto kostet sie im Monat gerade mal Benzin und etwas Wagenwäsche, Öl und ein paar Strafzettel. Das ist falsch. Kaum jemand kauft sein Auto bar (und wenn doch, hat er damit wahrscheinlich ein gefährliches Leck in sein Konto geschlagen) – also fallen zuerst einmal die monatlichen Raten an, dann die Steuer, die Versicherung, die Wertminderung und anteilmäßig aufgeteilte Reparaturkosten, und dann kommen erst als kleinste Posten Benzin und die üblichen Kleinigkeiten. Autos sind richtig teuer. Wer etwa über 3.000 Euro Monatseinkommen verfügt, muss davon im Schnitt 11 % für sein Auto abgeben, wenn es ein Smart ist – für einen Golf IV schon 18 %, für einen 3er BMW 21 % und für einen Jaguar S mehr als 33 %. Wobei man davon ausgehen kann, dass Jaguarfahrer üblicherweise mehr als 3.000 Euro im Monat verdienen.

den hätten. Mein Anwalt R. holte für mich sogar noch Geld für Minderkilometer heraus, und trotzdem hatte mich der ganze Spaß 30.000 Franken gekostet. Aber ich war ja zu blöd und zu eitel gewesen, um rechtzeitig auf die Bremse zu treten. Selber schuld. Wenigstens hatte ich dabei etwas für mein Schuldenbuch gelernt.

Ziehen Sie eine Zwischenbilanz

Nehmen Sie Ihre Gläubiger mit ins Boot: Schreiben Sie Ihre Gläubiger an und berichten Sie vom Beginn Ihres konzentrierten Kampfs gegen die Schulden. Schreiben Sie, dass Sie diese Herausforderung wie ein internationaler Schwergewichtsboxer annehmen werden – und Sie dürfen auch gerne von mir, Ihrem Trainer, schreiben. Ich stehe immer hinter Ihnen!

»Geld macht nicht glücklich. Aber mit 20 Millionen ging es mir schlechter als mit 50 Millionen!«
Arnold Schwarzenegger, Schauspieler und Gouverneur von Kalifornien

Ringpause

Als Ihr Trainer kann ich Sie nach dieser Runde nur loben und Ihnen weiter Mut machen, auch wenn es vielleicht nicht so gut lief wie erwartet. Wenn etwa von Gläubigern Reaktionen kommen, mit denen man nicht gerechnet hat. Trotzdem, weiter so! Jetzt, nachdem Sie sich in den Schuldenkampf gestürzt haben, können Sie sich natürlich auch schnell einen Rückschlag einfangen.

Machen Sie sich nun einmal ein paar Gedanken zur Motivation. Wollen Sie nur Ihre Schulden abbezahlen oder wollen Sie höher hinaus? Suchen Sie sich ein Ziel jenseits der Null auf dem Bankkonto. Lassen Sie sich Visitenkarten drucken mit dem Titel, den Sie einmal tragen wollen. Bei mir stand sehr lange Zeit »Stefan Angehrn, Weltmeister« darauf. Danach auch mal »Stefan Angehrn, Selfmade-Millionär«. Glauben Sie nie, dass Ziele zu hoch gesteckt

sein können. Auch wenn Sie das Fernziel nicht erreichen sollten, werden Sie es auf dem Weg dorthin wahrscheinlich weiter bringen, als wenn Sie ohne Ziel leben.
Fragen Sie auch Ihren Partner oder Ihre Kinder, was die Ihnen am liebsten auf die Visitenkarte schreiben würden.

Pfiffe aus dem Publikum

Nachdem wir in der dritten Runde kurz in die Knie gehen mussten, müssen wir auch die Pfiffe hinnehmen. Im Ring herrschen die gleichen Gesetze wie im Leben, und man ist eigentlich immer an allem selber schuld. Nicht, weil man so großherzig die Schuld auf sich nimmt, nein, es ist einfach kein anderer da, der schuld sein könnte.
Ich hatte Sie ja gewarnt: Der Kampf ist noch längst nicht vorbei. Am Beginn der vierten Runde merkt man oft, dass man schon ziemlich müde ist – wenn man bedenkt, dass noch nicht einmal ein Drittel der regulären Distanz hinter einem liegt. Kein schnelles Ende in Sicht. Das kann müde Beine machen.
Wie bei den Schulden. Endlich hat man kapiert, dass man über die volle Distanz gehen muss. Kein »Lucky Punch« wird zu Hilfe kommen, kein Lottogewinn, keine Erbschaft. Die Beine werden schwer, und die Psyche flattert.

»Beklagte man ehemals die Schuld der Welt, so sieht man jetzt mit Grauen auf die Schulden der Welt.«
Arthur Schopenhauer, Philosoph

Selbstüberlistung macht stark

Die Psyche ist neben der Kondition das Hauptproblem – beim Boxen wie beim Schuldenvernichten. Um sich innerlich zu stärken, gibt es viele kleine Tricks, die auch wir Boxer im Training ständig anwenden. Wenn Sie in die Innenstadt fahren, denken Sie nicht: »O Gott, hier findet man doch nie einen Parkplatz!« Denken Sie einfach: »Mein freier Parkplatz wartet schon auf mich!« Sie werden ihn finden! Und Sie werden sich die ersten Male fragen, ob das Zauberei ist. Nein, das ist einfach bewusste Hinwendung und Konzentration auf das Problem – aber mit der Sicherheit, es auch zu lösen.
Können Sie Liegestütze machen? Natürlich, das kann

jeder. Probieren Sie es gleich. Wie viele haben Sie geschafft? 10, 15, 20? Dann ruhen Sie sich aus und versuchen Sie es noch einmal. Aber jetzt zählen Sie nur noch jeden dritten Liegestütz: »Und-und-eins, und-und-zwei, und-und-drei …« Wie viele haben Sie jetzt geschafft? Aha! Selbstüberlistung ist kinderleicht und manchmal unumgänglich, gerade bei unangenehmen Pflichten. Bringen Sie auch Ihren Kindern bei, wie man sich am besten selbst überlistet.

Wer gut drauf ist, verliert nicht so leicht

Spielen Sie Karten? Skat, Schafkopf oder Jassen? Ist Ihnen schon einmal aufgefallen, dass man bei solchen Spielen gut gelaunt leichter gewinnt? Man gewinnt zwar nicht immer, aber immer öfter. Nur wenn man schlecht gelaunt ist (und sich nichts

Tipp: Schulden in der Familie sind Familienschulden!

Das klingt einfach, aber es ist oft schwer für alle Beteiligten zu begreifen. Auch wenn Papa alle Schulden gemacht hat, hat er sie in den meisten Fällen für alle gemacht. Schuldig muss sich keiner fühlen, verantwortlich aber sind alle. Alle Mitglieder einer Familie sollten die finanzielle Lage überblicken können, und deshalb ist es wichtig, dass auch über Geld gesprochen wird. Keine Hemmungen davor! Geld darf kein Tabu sein, denn es ist weder ein besonders widerliches noch ein besonders elitäres Thema: Geld ist einfach ein Tauschmittel für Arbeit gegen Waren und Dienstleistungen. Auch wenn Banken so tun, als wäre es etwas anderes. Reden Sie auch mit Ihren Kindern darüber. Das macht sie stolz, dazuzugehören, und sie werden sich später mit diesem Thema souverän auseinander setzen. Jedes Haushaltsmitglied, das über ein eigenes Einkommen verfügt, muss sich übrigens an den gemeinsamen Kosten beteiligen – auch die Kinder. Und denken Sie daran, dass alle größeren Anschaffungen gemeinsam besprochen werden sollten.

zutraut), gewinnt man nie. Das weiß übrigens jeder Profizocker, ebenso jeder Tennisprofi, jeder Formel-1-Fahrer und jeder Boxer. Deshalb bemüht sich vor großen Kämpfen ein psychologisch ausgebildeter Motivator aufopfernd um seinen Schützling. Und diese Herrschaften haben wirklich sämtliche Tricks drauf: die richtigen Farben, die passende Hintergrundmusik, Barfußspaziergänge auf moosigem Waldboden, Dampfbäder mit ätherischen Essenzen, sogar getürkte Fans und gefälschte Liebesbriefe. Als Profisportler gehört man zu den umschwärmtesten Menschen auf dieser Erde. Auch wenn die Hälfte davon Fake ist – es tut gut und motiviert ungemein. Davon können Schuldner nur lernen.
Wenn Sie sich selbst nicht ausreichend motivieren können, lassen Sie sich von Ihrem Partner oder den Kindern aufrichten. Erklären Sie ihnen, dass gerade jetzt alle zusammenhalten müssen und dass Sie jede Streicheleinheit brauchen, die Sie kriegen können. Lassen Sie sich fallen!

Pfiffe machen wach!

Wenn das Publikum pfeift, wirkt das meist als wichtiger Wecker. Nicht schön, aber äußerst wirksam. Bei mir pfiff das Publikum weniger, als ich im Ring stand, sondern mehr in den Pausen zwischen den Kämpfen. Etwa dann, als ich ein Radiointerview gab, in dem ich dem Journalisten vor einem wichtigen Kampf sagte, dass ich doch nicht so blöd sei, für 5.000 Franken arbeiten zu gehen, wenn ich in drei Monaten für eine Börse von 200.000 im Ring zu stehen hätte. Leider wurde der zweite Teil meiner Aussage geschnitten, und so erfuhren meine Schweizer Mitbürger nur, dass dieser Stefan Angehrn sich zu schade ist, für 5.000 Franken zu arbeiten. Der für

»Der gute Mut – das gutmütige Prinzip – kommt heute fast schon einem Todesurteil gleich. Vertrauen ist nicht mehr gefragt und nicht mehr üblich. Man wird benutzt und belogen und steht eines Tages mit leeren Händen da. Die Erde könnte ein Paradies sein, aber sie ist es nicht.
Etwas ist schief gelaufen, etwas Unparadiesisches hat die Macht an sich gerissen.«
Cleo Kretschmer, Schauspielerin

mich zuständige Herr vom Finanzamt schrie ins Telefon, dass er mir nach dieser Unverschämtheit keinen Tag Aufschub mehr für meine Abzahlung gewähren würde. Natürlich, der Zuschauer sieht nur das, was er sehen kann und was man ihn sehen lässt – und er pfeift! Es ist ein untrügliches Zeichen, dass man hellwach werden sollte – selbst wenn die Zuschauer aus dem falschen Grund zu pfeifen beginnen. Beim Schuldenbedienen sollten Sie sich fragen: Wer pfeift denn da und warum?

»Zu wenig zu haben ist ein Elend. Genug zu haben ist ein Segen. Zu viel zu haben ist eine Gefahr. Dies gilt von allen Dingen, vor allem aber vom Geld.«
Dschuang-Tse, Philosoph

Wer könnte pfeifen? Verwandte, denen Ihr Lebensstil angesichts Ihrer Verschuldung nicht gefällt? Der Chef, der sich einen verschuldeten Mitarbeiter nur als devoten Arschkriecher vorstellen kann? Geschäftskollegen, die Wind von Ihren Problemen bekommen haben? Die örtliche Zeitung? Ihre Frau? Die Lehrer Ihrer Kinder? Die Eltern?
Glauben Sie mir: Alle werden pfeifen, wenn Sie ein schwaches Bild abgeben. Denn nur auf scheinbar schwachen Menschen hackt man herum.

Schulden beschädigen die Psyche

Man erkennt Verlierer an ihrer Haltung, an ihrem Gesichtsausdruck – und so wie ich das beim Boxen fürchte, genauso sollten Sie das beim Umgang mit Ihren Schulden fürchten. Das tiefe Loch, in das man plötzlich fällt, die schlaflosen Nächte, die einsamen Spaziergänge und das hilflose Herumrechnen – all das hinterlässt Spuren im Gesicht eines Schuldners. Dass etwas mit Ihnen nicht stimmt, sieht Ihnen jeder an – und natürlich auch jeder Gläubiger. Denken Sie an die alte Boxerweisheit: Es gibt keinen Kampf, in dem man nicht selber getroffen wird, und manchmal tun solche Treffer zum Beispiel auf Niere, Leber oder Solarplexus richtig weh. Die Kunst, die ein guter Boxer beherrschen muss, ist die, dass der Gegner nicht merken darf, wie gut er getroffen hat. Denn solche Kleinigkeiten können ihm noch mehr Power geben. Ich lebe diese Boxerweisheit auch im Alltag, denn ich lächle fast immer. Die Botschaft für alle heißt, dass es mir gut geht, dass ich zufrieden bin und nie die Hoffnung verliere. Außerdem bringt jedes Lächeln ein Lächeln zurück – und mit einem Lächeln sind schon viele Erfolgsgeschichten gestartet worden. Sie werden sehen: Spätestens in Runde 12 wird auch Ihnen wieder zum Lachen zumute sein. Aber halt, wir sind immer noch in Runde 4.

Nur wer seine Schulden locker und souverän tragen kann, wirkt nicht schuldig.

Jetzt ist aus dem Spaß Ernst geworden, jetzt lernen Sie die brutale Wahrheit kennen: Schulden beschädigen die Psyche. Nicht umsonst sind sich Schuld und Schulden so ähnlich. Jetzt kommt obendrein die seelische Schuld hinzu, das Grübeln und Fragen, ob man ein Versager ist und warum man in dieser Welt nicht in Ruhe leben kann. Diese Haltung ist die aller-

Tipp: Stellen Sie einen Familiensparplan auf

Nachdem Sie Ihre Schulden in der Familie nicht geheim halten, sollten alle mithelfen, das Boot wieder flottzukriegen. Die Eltern können sicher das meiste einsparen, aber auch viele Konsumwünsche der Kinder müssen jetzt erst einmal warten. Mit einem solchen Sparplan rückt die Familie noch enger zusammen – gerade in harten Zeiten eine wichtige Unterstützung. Und Familien, die gemeinsam durch eine finanziell schwere Zeit gegangen sind, gehen aus dieser Erfahrung in den meisten Fällen mit einem gestärkten Selbstbewusstsein hervor.

schlechteste, um zu gewinnen. Außerdem wird sie noch mehr Probleme ans Tageslicht befördern, als man sowieso schon hat. Nur wer seine Schulden locker und souverän tragen kann, wirkt nicht schuldig.

»Was man bei Pfiffen aus dem Publikum tun soll? Natürlich zurückpfeifen!«
Otto Waalkes, Entertainer

Dazu fällt mir einer meiner Lieblingssprüche ein: »Blamier dich täglich, dann kannst du es in der Not!« Was ich tue oder lasse, ist ausschließlich meine Sache – auch wenn ich Schulden habe. Denn das Blamieren ist ein relativer Begriff und sieht in jedem Kopf anders aus. Meistens entlarven sich unsere Mitmenschen deutlich, wenn sie erklären müssen,

Checkliste für den Umgang mit Gläubigern

1. Seien Sie immer erreichbar und versuchen Sie nie, dem Gläubiger zu »entwischen«.
2. Reden Sie mit Ihren Gläubigern, und wenn Sie etwas Gutes erreicht haben, fixieren Sie das anschließend schriftlich. Verhandlungen werden mit schriftlichen Unterlagen grundsätzlich leichter.
3. Machen Sie wahre Angaben – aber nicht zu viele. Seien Sie freundlich, aber vorsichtig bei der Herausgabe von Informationen, die vielleicht einmal gegen Sie verwendet werden können. Denken Sie daran: Sie haben keine Auskunftspflicht gegenüber Ihren Gläubigern, nur bei der Abgabe einer eidesstattlichen Versicherung vor Gericht. Den Gläubiger geht es zum Beispiel nichts an, wer bei Ihnen noch wohnt, wenn derjenige nicht Mitschuldner ist. Sie sollten dem Gläubiger jedoch Ihr Nettoeinkommen mitteilen, ebenfalls unterhaltsberechtigte Personen und Ihre Gesamtverschuldung.
4. Überprüfen Sie die Rechtmäßigkeit der Forderungen und verlangen Sie eine schriftliche Aufstellung, chronologisch gegliedert nach Hauptforderung, Zinsen und Kosten.
5. Unterschreiben Sie eine Ratenzahlungsvereinbarung nur nach vorheriger Prüfung durch einen Anwalt oder eine Schuldnerberatungsstelle.

warum man sich blamiert hat. Wer versucht, seine Träume zu leben, erntet Neid und Häme.
Aber keine Ablenkung. Gläubiger werden ungeduldig werden, Ihr Berufsleben wird beschwerlich, Ihr

Familienleben wird sich verdüstern – wenn Sie jetzt nicht sofort reagieren.
Und das müssen Sie jetzt tun: Nehmen Sie Kontakt mit allen Gläubigern auf, mit privaten wie mit öffentlichen und mit den Banken. Reden Sie Klartext mit ihnen, erzählen Sie von sich, von Ihrer Befindlichkeit, von Ihren Ängsten und Ihrer momentanen Schwäche. Ja, ich weiß, dass ich das schon einmal gesagt habe, und ich werde es immer wieder sagen! Denn der Kontakt zu den Gläubigern ist mit das wichtigste Konzept in einem fairen und effektiven Entschuldungskampf. Rufen Sie jeden an und erklären Sie, wie es Ihnen gerade geht. So haben Sie eine gute Chance, dass in dieser Runde nicht mehr passiert, als dass Sie ausgepfiffen werden. Jeder Abzahlungsplan stockt irgendwann einmal, dafür müssen Sie sich nicht schämen. Ehrlichkeit dagegen wirkt Wunder, besonders bei Gläubigern. Sie werden staunen, mit welchem Verständnis man Ihnen begegnet. Aber Sie müssen auch etwas Konkretes anbieten, sonst wird man Ihnen nicht glauben, dass Sie den Kampf noch gewinnen. Man wird bei Ihrem Zustand nämlich daran zweifeln, dass Sie ihn noch gewinnen wollen.
Machen Sie Ihren Gläubigern klar, dass Sie nur etwas Luft brauchen. Bitten Sie nach einem einführenden Telefongespräch per Einschreiben schriftlich darum, dass man Ihnen zum Beispiel sechs Monate Aufschub bis zur nächsten Zahlung gewährt. Das klappt immer.

»Übrigens: Vor 20 Jahren war die Stimmung deutlich besser – nachdem Helmut Kohl Bundeskanzler geworden war, lautete der Hit im Winter 1982: ›Jetzt wird wieder in die Hände gespuckt, wir steigern das Bruttosozialprodukt!‹«
Angela Merkel, CDU-Vorsitzende

Scham und Schuld

In der Familie taucht ein anderes Thema auf: Scham und Schuld. Offenheit gegen Ihre Gläubiger ist vernünftig, aber gegenüber dem Partner und der Familie ist sie unbedingt notwendig. Lebensnotwendig sogar. Haben Sie je eine dieser Zeitungsmeldungen gelesen, in denen ein Mann seine ganze Familie und das eigene Leben ausgelöscht hat, nur weil er Schulden hatte? Haben Sie nicht auch den Kopf geschüttelt: »Nur wegen der paar Schulden? Man bringt doch seine Familie nicht wegen Geld um!« Man bringt seine Familie eigentlich nie um, aber mit etwas Fantasie kann man sich einen solchen einsamen Mann vorstellen, der seine Schuld(en) monate-, oft jahrelang geheim gehalten hat. Das kostet Kraft und macht ihn zu Hause nicht gerade zu einem Unterhaltungsgenie. Man kann ihm nur wünschen, dass seine Frau oder ein guter Freund ihn endlich zur Rede stellen und keine Ausflüchte mehr zulassen. Wie oft mag nach einem dieser düsteren Mitternachtsgeständnisse der Satz gefallen sein: »Aber warum hast du denn nicht schon längst darüber geredet?« Hoffentlich hat das Gespräch noch rechtzeitig stattgefunden.

»Es ist nicht der Unternehmer, der die Löhne zahlt – er übergibt nur das Geld. Es sind die Produkte, die die Löhne zahlen.«
Henry Ford, US-Unternehmer

Schulden bringen die Familie ins Wanken

Partnerschaften zerbrechen öfter an Geldproblemen als an Untreue. Obwohl das eine mit dem anderen zu tun hat. Ist es nicht eine besondere Form der Untreue oder des Nichtvertrauens, wenn man dem Partner seine schwersten Sorgen vorenthält? Und es ist eine große Lüge, wenn man argumentiert, man wollte ihn und die Familie nur schützen. Vor den schrecklichen Problemen und schlaflosen Nächten bewahren. Es ist immer Verrat und es ist dumm. Wenn Sie Kinder haben, gibt es kaum Schlimmeres, als wenn sie von Klassenkameraden erfahren müssen, dass ihre Eltern pleite sind, wenn Nachbarn hin-

ter ihrem Rücken tuscheln oder ihnen mitleidige Blicke zuwerfen.
Sie sollten Klarheit nicht nur in Ihrem Haushaltsbuch schaffen, sondern auch zu Hause. Reden Sie mit der Familie über die Schulden, aber erklären Sie auch, wie der Weg aus den Schulden aussieht. Sie werden sich wundern, wie hilfsbereit und solidarisch die Reaktion ausfallen wird. Keine Angst, Kinder brauchen in Wirklichkeit sehr wenig; sie wären sogar in Kartoffelsäcken gekleidet nicht so unglücklich wie in einer Familie, in der ihnen Wichtiges verschwiegen wird. Es ist sehr beschämend, wenn die eigenen Kinder ihre gesamten Ersparnisse anbieten, weil sie das

»Der Schmerz, besitzlos zu sein, ist weit leichter zu ertragen als der, besitzlos zu werden.«
Seneca, römischer Dichter

Tipp: Planen Sie den Haushalt
Im Internet gibt es Haushaltsplaner und -kalender, die man meist kostenlos herunterladen kann, etwa unter www.haushaltsplaner.de oder www.guckmal.de oder www.shareware.de. Wer anfängt, seine Haushaltsführung jeden Tag schriftlich festzuhalten (lieber spießig als doof!), wird schnell einen genauen Überblick darüber bekommen, wo sein Geld bleibt – und wo er am besten sparen kann.

Problem der Verschuldung verstanden haben. Andererseits ist es eine absolute Liebeserklärung und der Beweis, dass man eine starke Familie ist. Schulden können enorm verbinden.

Wer ist schuld?

Es gibt jedoch auch das andere Szenario, dann, wenn man die Schuld der Schulden sucht. Man schiebt sich gegenseitig die Schuld zu, man will den Auslöser dieser Finanzmisere dingfest machen. Ist sie schuld, weil sie so gerne shoppen geht? Ist es seine Autobesessenheit? Haben die Kinder zu viele Spielsachen, telefonieren sie ständig mit dem Handy? Nein, es sind alle Beteiligten. Denn auch wenn einer das Geld zum Fenster rausgeworfen hat, muss eben auch ein anderer dabei zugesehen – und den Mund gehalten haben.

Schulden können Partnerschaften zerreißen und Familien trennen, aber Schulden bergen auch die Chance in sich, Partner wieder neu zusammenzuschweißen. Schulden können Kraft geben, das alte Gefühl am Anfang einer Beziehung wieder heraufbeschwören und eine Familie wieder enger zusammenrücken lassen.

Gerade bei Familien mit Kindern kann man jeden kleinen Sieg gemeinsam spüren. Kinder werden bei

Tipp: Streit kann teuer werden!

Streitthema Nummer eins in Familien und Partnerschaften ist immer noch das liebe Geld. Einer gibt immer zu viel aus und meist auch für das Falsche, wie der andere meint. Oft schnappt die Schuldenfalle zu, weil beide eine unscharfe Ausgabenpolitik betreiben und sich kaum darüber unterhalten, ob man dieses oder jenes gerade wirklich braucht – und ob man es sich leisten kann. Dabei kann ein Haushaltsbuch wertvolle Hilfe bedeuten. Fragen Sie sich vor jeder Anschaffung, ob Sie das wirklich brauchen. Und denken Sie daran, wenn es trotzdem zur Verschuldung gekommen ist: Partnerschaft bewährt sich in der Not!

offensiv und offen geführten Schuldenkämpfen automatisch selbstbewusster. Meine Kids haben schon heute einen richtig breiten Rücken und eine dicke Haut bekommen, und sie werden sich später im Leben bestimmt nicht von irgendwelchen Idioten ins Bockshorn jagen lassen.

Aber Kinder bedeuten auch mehr Stress, mehr Streit. Es muss bei Schulden mehr Verzicht geübt werden, und das ist heutzutage schwer. Der Konsumwahn fordert die neuesten Handys, Markenbekleidung, CDs und Filme, Computer und Taschengeld. Wer die Klassenfahrt nicht mitmachen kann, wird zum Außenseiter, wer die Klamotten vom letzten Jahr trägt, ist der Klassendepp. In einer konsumorientierten Gesellschaft führt oft schon eine kleine Knappheit zur Überschuldung, weil man nicht rechtzeitig verzichten kann. Deshalb muss man mit Kindern reden und ihnen die Situation klarmachen. Man sollte ihnen aber auch erklären, dass dieses Verzichten nur eine Beschränkung auf Zeit ist; sie müssen sich zwischendurch immer wieder etwas gönnen dürfen. Und wenn Sie gerade kein Geld für einen Urlaub haben, reden Sie mit den Sozialdiensten, die Kinderferien im Etat haben.
Sie müssen Ihren Kindern nicht sagen, dass sie zu den größten Schuldenfaktoren gehören. Faktisch ist es aber so. Familiengründungen stehen statistisch häufig im Zusammenhang mit Verschuldung. Jetzt können beide nicht mehr gleichzeitig arbeiten, das Kind kostet, und es darf weder krank werden noch keinen Kindergartenplatz bekommen. Klar, Kinder können nichts dafür. Doch wenn man schon erwartet, dass sie die Rente für die Generation ihrer Eltern zahlen, sollte man sie netter behandeln. Ehepaare mit Kindern haben es leicht, sich zu überschulden – Alleinerziehende sogar noch leichter. Sie sehen: Man muss nicht dumm sein, um sich zu verschulden.

»Der Hauptwert des Geldes besteht in der Tatsache, dass wir in einer Welt leben, in der es überbewertet wird.«
Henry Louis Menken, amerikanischer Sozialkritiker

Ringpause

Gehen Sie offensiv mit Ihren Schulden um. Sagen Sie Ihren Freunden zum Beispiel laut und deutlich, dass Sie leider nicht in das neue französische Res-

»Sagen Sie Ihren Kindern nicht, dass sie zu den größten Schuldenfaktoren gehören. Es ist statistisch gesehen leider trotzdem wahr.«
Dieter Hildebrand, Kabarettist

taurant mitgehen können – dafür aber gerne zu einem gemütlichen Essen auf dem Balkon einladen: Würstchen und Kartoffelsalat, Getränke bitte mitbringen. Schulden können die einfachen Genüsse wieder aufleben lassen, und sie können selbstbewusst machen. Abgesehen davon lieben Kinder es, wenn es siebenmal in der Woche Spaghetti gibt. Die echten Freunde kommen weiterhin, um die anderen ist es nicht schade.

Hilfe vom Trainer

Der Moment wird kommen, wo man sich einen Mentor suchen muss – ob man Boxer oder Schuldner ist. Spätestens in der fünften Runde sollte der Trainer mit seinem Schützling Klartext reden!
Alles was Sie bisher gezeigt haben, war gut, jedoch nicht gut genug, und deshalb muss jetzt ein Profi einspringen.
Es ist schlimm, wenn man die Deckung hängen lässt, doch es ist genauso schlimm, wenn man mit dem Schuldensanierungsplan zu lasch umgeht. Wer jetzt noch keinen Trainer hat, sollte sich schnellstens einen suchen.

»Das Einzige, was man ohne Geld machen kann – sind Schulden!«
Heinz Schenk, Schauspieler

Der wichtigste Mensch auf der Welt

Klar, bei einem Boxkampf ist der Trainer immer da. Er hat schon vorher monatelang mit einem gearbeitet, aber beim Kampf, bei diesen zwölfmal drei Minuten, ist er der allerwichtigste Mensch auf der Welt. Wenn ich in der fünften Runde plötzlich die Orientierung verliere oder mich frage, ob der Kerl da vor mir eigentlich überhaupt nichts spürt – dann holt mich der Trainer mit ein paar Worten wieder auf den Boden zurück. Trainer sind Gold wert, das weiß jeder Profisportler. Trainer geben Vertrauen und Sicherheit, und weil sie dich mit professionellem Auge betrachten, sehen sie viel mehr als du, der in Schlagdistanz vor dem Gegner steht. Trainer erkennen Schwachstellen beim Gegner und Schwächen bei dir, sie können dich rechtzeitig warnen und dir das Zeichen zum Durchstarten geben. Der Trainer gibt dir in jeder Rundenpause einen, höchstens zwei Tipps mit in die nächste Runde. Mehr kannst du sowieso nicht umsetzen. Und er macht er dir Mut, er fächert dir frische Luft zu, er zieht die Hose vom Bauch, er presst kaltes Eisen auf Verletzungen, reibt dich mit Vaseline ein und schickt dich mit einem Klaps in die nächste Runde. Der Trainer gibt dir immer etwas Positives mit in die nächste Runde – vor allem das gute Gefühl, dass du nicht allein bist!

Suchen Sie einen Menschen Ihres Vertrauens

Auch Schuldner kämpfen besser mit einem Trainer. Sie sollten sich einen Menschen Ihres Vertrauens suchen, der Sie in dieser schweren Zeit coacht. Es sollte auf keinen Fall der Partner sein und besser auch niemand aus Ihrer Verwandtschaft, lieber ein guter Freund, eine gute Freundin oder ein Arbeitskollege, dem Sie vertrauen können. Wählen Sie jemand aus, der diesen harten und riskanten Job annimmt und ihn ausfüllen kann. Diese Person sollte erfolgreich im Beruf sein, besonnen, ruhig und mit beiden

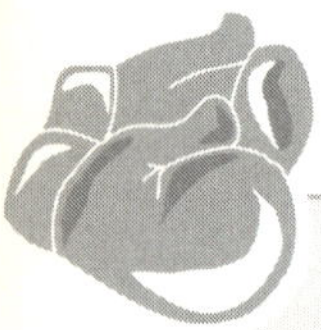

Tipp: Keine Angst vor Schuldnerberatung!
Jeder hat Anspruch auf kostenlose Schuldnerberatung bei den Kommunen, Wohlfahrtsverbänden und Verbraucherzentralen. Sie können sich bei diesen professionell ausgebildeten Beratern immer auf Diskretion und auf den Schutz Ihrer persönlichen Daten verlassen. Versuchen Sie aber niemals einen Schuldnerberater um einen Kredit zu bitten!

Beinen im Leben stehen. In der Kunst gibt es Mäzene, im Sport Trainer – im Schuldenkampf haben sie zwar noch keinen offiziellen Namen, aber ohne einen solchen Coach wird man es viel schwerer haben.

Ich selbst habe mich sehr lange geweigert, auf Außenstehende zu hören – beim Boxen und im Leben. Ja, ich muss zugeben, dass ich sogar ab und zu aus falschem Stolz nicht auf meine Frau gehört habe und deshalb Fehler machte, die ich hätte vermeiden können. Eines Tages kam ich mit V. ins Gespräch, der mich sehr direkt auf solche Fehler ansprach. Ich kannte V. schon lange und schätzte ihn immer sehr. Er ist der Inhaber einer gut gehenden Druckerei und ein Arbeitstier der alten Schule. Über Jahre hatte ich verfolgt, wie V. Firmen in Notsituationen auffing und sie wieder auf Kurs brachte. Es war also für mich nahe liegend, ihn damals um Rat zu fragen. Natürlich hatte ich damals die Hoffnung, dass er mir schlicht helfen würde, meine Schulden schnellstens loszuwerden. Die meisten Menschen träumen davon, dass ihnen ein reicher, erfolgreicher Mensch über den Weg läuft, wenn sie Schulden haben, und wie eine gute Fee alles wieder in Ordnung bringt. V. weigerte sich rundheraus, mir Geld zu leihen, um meine Altlasten abzuzahlen. Er machte aber eine klare Ansage: »Wenn du mit einem gut durchdachten Projekt und einem sauber ausgearbeiteten Business-Plan kommst, dann kann es sein, dass ich dir helfe.« Das war bereits ein gutes halbes Jahr nach meinem Karriereende, und ich stürzte mich gleich auf die neue Chance. Für mich bedeutete das Arbeit, aber auch eine Herausforderung, eine Möglichkeit, nach den Muskeln endlich mal wieder die grauen Zellen in Betrieb zu nehmen. Damals entwickelte ich das Konzept für mein heutiges VIP-Vermittlungs-Büro, das immer noch floriert und meine Familie versorgt.

V. blieb meine Zuflucht und mein Ratgeber, wenn ich mir bei Entscheidungen nicht sicher war. Er wurde der zweite Trainer in meinem Leben – nach dem Boxtrainer der Über-Lebenstrainer. Danke V.!

»Ich habe viel von meinem Geld für Alkohol, Weiber und schnelle Autos ausgegeben. Den Rest habe ich einfach verprasst.«
George Best, Rocksänger

»Für Verschwender ist das Geld rund, für Sparsame flach.«
Honoré de Balzac, Schriftsteller

Wie man einen Trainer findet

»Es gab eine Zeit vor meiner Karriere als Schauspieler, als ich noch nicht so viel Geld hatte. Umso mehr weiß ich meine heutigen Mittel zu schätzen. Gute Freunde zu haben ist aber immer noch mein persönliches Lebensglück. Könnte ich meinen Erfolg nicht mit ihnen teilen, wäre ich ein armer Mann.«
George Clooney, Schauspieler

Suchen Sie eine Vertrauensperson, die Ihnen aber nicht zu nahe steht. Sie sollte Distanz bewahren und Sie und Ihre Situation mit kritischem, objektivem Blick betrachten können. Trainer, die persönlich von Ihrem Schicksal betroffen sind, werden meist falsche Ratschläge geben. Sie werden versuchen, Sie zu schützen, und Ihnen nicht die Wahrheit sagen.
Ein Schuldentrainer darf Tipps geben, Tränen trocknen, mit zur Bank gehen und beim Briefeschreiben helfen, man darf ihn nachts um zwei anrufen und ihm die schlimmsten Ängste erzählen, aber er darf eines nicht: Er darf kein Geld geben, um damit Altlasten zu bezahlen. Das hilft keinem – und außerdem haben Sie im selben Moment Ihren Trainer verloren.
Jeder, der Ihnen Geld gibt, gibt damit auch seine Objektivität her, im schlimmsten Fall bekommt man später sogar Streit mit ihm. Als V. mir auf meinen sauber ausgearbeiteten Business-Plan eine großzügige finanzielle Starthilfe gab, erklärte er mir, dass er dieses Geld übrig hätte und mir deshalb auch keinerlei Zeitdruck auferlegen müsse. Ich werde sehr glücklich sein, wenn ich ihm Ende dieses Jahres seine Starthilfe wieder zurückzahlen werde können. Mein Trainer bleibt er trotzdem.

Schuldnerberater als Trainer

So weit die Privattrainer, die Freunde und Kollegen, denen man das Herz ausschüttet und die einem nach besten Möglichkeiten helfen – aber es geht auch professionell: Die erste »Schuldnerberatung« in Deutschland wurde 1977 gegründet, das Konzept wurde seitdem weiterentwickelt, und die Nachfolgeinstitutionen schossen geradezu aus dem Boden. Finanzielle Probleme haben sich seit dieser Zeit bei den Bürgern gehäuft, doch staatlicherseits wurden sie kaum wahrgenommen. Verschuldung galt als Privatsache. Erst Ende der 80er Jahre wurde das Schuldendilemma so deutlich, dass man es nicht mehr

Tipp: Achtung, Kredithaie!
Im Rahmen von Hausbesuchen kommt es in der Regel nach einem so genannten Beratungsgespräch zum Abschluss des Kreditvermittlungsvertrags. Den potenziellen Kreditkunden werden zu diesem Zweck bis zu zehn Formulare zur Unterschrift vorgelegt.
Darüber hinaus werden Kreditvermittlungsverträge – nach Aussagen des Bundeskriminalamtes – ohne jeglichen persönlichen Kontakt per Telefax abgeschlossen.
Erfahrungswerte aus der im Vergleich zur Anzahl der abgeschlossenen Kredite niedrigen Zahl der zur Anzeige gebrachten Fälle besagen, dass in vielen Fällen eine Kreditvermittlung gar nicht beabsichtigt wurde und der Kreditvermittler vor allem Aktivitäten vortäuscht, um eine Vermittlungsgebühr zu kassieren.
Nach § 17 Satz 2 Verbraucherkreditgesetz gibt es einen (vermeintlichen) Anspruch auf Erstattung entstandene, erforderlicher, das heißt nachgewiesener Auslagen. Gängige Praxis der betrügerisch handelnden Kreditvermittlungsfirmen – so das BKA – ist es, pauschalierte Kostenauflistungen in standardisierter Form, getarnt als Auslagenpauschalen oder Reisekosten, vorzulegen. Der Verweis auf die gesetzliche Grundlage dient als Nachweis der Erforderlichkeit dieser Auslagen.

ignorieren konnte. Der Verschuldung war mit den üblichen sozialen Mechanismen nicht mehr Herr zu werden. Zu lange war das Problem verdrängt worden – spätestens in den 90er Jahren wurde es öffentlich. Passend zu den übersprudelnden Staatsschulden.

Schuldnerberatungen sind nicht durchgehend gleich organisiert, manche sind bei den Sozialdiensten angesiedelt, manche bei den kirchlichen Wohlfahrtsverbänden, dem Roten Kreuz oder dem DGB. Die Hälfte der Beratungsstellen in Deutschland besteht aus Einpersonenbüros, was zeigt, wie dürftig das Beratungsnetz quantitativ ist. Qualitativ kann man die Schuldnerberater nur in den höchsten Tönen loben, denn sie müssen eine gesamtheitliche

Die besten offiziellen Schuldenvernichtungstrainer

Eine Adressenliste der über 1.100 Schuldnerberatungsstellen in Deutschland erhalten Sie zum Download unter den Websites:
www.bag-schuldnerberatung.de
www.forum-schuldnerberatung.de
Die Download-Broschüre »Was mache ich mit meinen Schulden?« gibt es in Deutsch und Türkisch auf der Website: www.bmfsfj.de
Telefon-Hotline: 0180/532 9329

Die deutsche Sparkassenorganisation unterstützt seit 1958 Privathaushalte bei der finanziellen Planung ihrer Haushaltsbilanzen. Über den Broschürenservice können Sie zu jedem akuten Finanzproblem passende Ratgeber bestellen, und zwar beim:
Geld und Haushalt Beratungsdienst der Sparkassen,
Broschürenservice, Postfach 80 04 48, 70504 Stuttgart,
und über die Website: www.dsgv.de

Unter www.anwaltsverein.de findet man außerdem eine Liste von Fachanwälten für Wirtschafts- und Insolvenzrecht. Weitere Adressen für Österreich und die Schweiz finden Sie auf S. 158

Sicht haben. Es nützt nichts, wenn sie nur gute Finanzmanager sind – sie müssen sich in Drogenproblematik ebenso gut auskennen wie in Lebens-

praktik, im Scheidungsrecht wie bei der Arbeitslosenhilfe.
Bei einem Interview mit einem Münchner Schuldnerberater wurde das riesige Bündel von Problemen erst richtig klar, das mit Schulden einhergeht. Es scheint wie mit der Henne und dem Ei zu sein: Was war vorher da? Die Probleme oder die Schulden? Und haben die Schulden die Probleme produziert oder etwa umgekehrt?
Die gängigsten Probleme sind laut Schuldnerberatung Langzeitarbeitslosigkeit, Altlasten, Erziehungsprobleme, Sucht, Unfälle und lang anhaltende Krankheiten, Trennung vom Partner, finanzieller und psychischer Stress Alleinerziehender, fehlende Kindergartenplätze, Jugendschwangerschaften, doch auch schlicht Niedriglöhne und allgemeine gesellschaftliche und lebenspraktische Probleme. Die Leute kommen zwar wegen der Schulden, aber sie brauchen meist mehr als nur wieder schwarze Zahlen auf dem Konto. Oft müssen sie erst völlig andere Probleme lösen, bevor sie sich auf ihre Schulden konzentrieren können.
Schuldnerberater sind Profitrainer und bieten mehr als Entschuldungskonzepte. Sie müssen Detektiv, kritischer Freund und Psychologe sein, und sie müssen den Schuldner im richtigen Moment auch an andere Dienste vermitteln. Vielleicht braucht er eine Sucht- oder Psychotherapie, vielleicht eine Weiterbildung oder den richtigen »Türöffner« im Netzwerk der Sozialdienste. Bei Schuldnerberatungsstellen melden sich sogar Arbeitgeber, die um ihre Arbeitnehmer bemüht sind und für sie um Beistand bitten.

»Die meisten Schuldnerberatungsstellen sind noch so klein und unterbesetzt, dass sie Menschen erst im Notfall helfen können und oft nicht zur Schuldenvermeidung dienen. Dafür sollte man in den Schulen Aufklärung betreiben. Das wäre ebenso wichtig wie Vorträge über Verhütung oder die Gefahren des Rauchens.«
Klaus Hofmeister, Schuldnerberater

Wenn es »nur« um Geld geht

Es gibt natürlich auch Anwälte, die Schuldnerberatung übernehmen, doch die arbeiten in der Regel kostenpflichtig. Das ist jedoch noch kein Grund, die Anwaltsberatung grundsätzlich abzulehnen. Faustregel dazu: Wer massive und komplizierte finanzielle Probleme hat und obendrein noch nicht ganz pleite ist, sollte einen Fachanwalt aufsuchen. Bevor der Anwalt seine Arbeit beginnt, sollte man sich aber auf eine Pauschale einigen, die man guten Gewissens zahlen kann.

Vorsicht vor den schwarzen Schafen

»Mit Geld kann man viele Freunde kaufen, aber kaum einer davon ist seinen Preis wert.«
Josephine Baker, Sängerin

Dann gibt es noch die so genannten »freien« Schuldnerberater, die etwa alle Schulden zusammenfassen und an ein Kreditinstitut abgeben. Die deutschen Landeskriminalämter sind gerade dabei, diese Firmen genauer unter die Lupe zu nehmen und Warnlisten anzulegen. Unseriöse Anbieter schwätzen einem Schuldner gerne bei einer Umschuldung einen neuen Kredit oder eine zusätzliche Versicherung auf, die derjenige dann annimmt, nur damit er seine Ruhe hat. Im Endeffekt verschuldet er sich damit noch mehr. Manchmal kommt es nicht einmal zum Kreditabschluss, aber die Leute bezahlen trotzdem ein paar hundert Euro für die Bearbeitung und die Kreditanfrage. Meist ist das Geld besser angelegt, wenn gleich die Schulden bedient werden und nicht erst selbst ernannte Schuldnerberater. Als Faustregel gilt: Zuerst zu einer gebührenfreien Beratung der Kommunen oder Wohlfahrtsverbände gehen. Wer noch Geld hat und sich nicht für einen »Sozialfall« hält, sollte einen Rechtsanwalt für Wirtschaftsrecht aufsuchen. Bei dem zahlt man zwar Gebühren, aber man bekommt auch etwas dafür. Außerdem gibt es in jeder Stadt beim Amtsgericht eine kostenlose Rechtsberatung, bei der man Ihnen einen guten Fachanwalt nennt.

Ringpause

Das Thema dieser Runde ist der Trainer. Suchen Sie sich einen, der zu Ihnen passt. Er sollte älter sein als Sie, eine Respektsperson und sein Leben erfolgreich meistern. Er sollte an Ihnen möglichst kein erotisches oder partnerschaftliches Interesse haben, er sollte sich hüten, Ihnen Geld zu leihen, er sollte einigermaßen gut mit Zahlen umgehen können – und er sollte verschwiegen sein.

Cool bleiben

»Bürge niemals für jemanden, wenn du dieses Geld nicht ebenso locker wegwerfen kannst, denn sonst könnte dir das eines Tages das Genick brechen.«
Michel Jordi, Ethno-Unternehmer

Cool bleiben, das muss ein Boxer können, und für einen Schuldner kann es ebenfalls nur von Vorteil sein, wenn er sich nicht gleich alles anmerken lässt. Spätestens in der Halbzeit spüren wir, was uns der Kampf bis jetzt an Kraft gekostet hat. Aber auch wenn die Knie schon etwas weich sind und die Augen langsam zuschwellen – cool bleiben! Lächeln! Nur nichts anmerken lassen! Die Leute, die auf dich gesetzt haben, werden dich besonders genau beobachten. Beim Boxen sind das die Wetter, bei den Schulden deine Gläubiger. Aber es ist eigentlich egal, wie die Wetten gerade stehen, wir wollen gewinnen – und dafür ist es immer gut, die Fassung zu bewahren. Ausstrahlung ist die halbe Miete, im Ring wie im Leben.

Ein guter Kampf ist auch ein guter Auftritt

In dieser Runde sollten Sie an Ihrem Auftreten arbeiten, auch wenn Sie glauben, dass Sie es schon fast geschafft haben.
Bei Banken ist es meist am schwersten, vor allem wenn Sie keinen Millionenkredit laufen haben. Sie sitzen also dem zuständigen Kreditsachbearbeiter gegenüber und nicht dem Zweigstellenleiter. Das ist ein Problem. Denn der Chef – selbst wenn er nur der Chef von ein paar Sparkassenangestellten ist – kann und darf mehr Interesse auch an ungewöhnlichen Kunden zeigen. Er kann mit Ihnen auf einer Ebene über »momentane monitäre Engpässe« reden, über »finanzielle Schieflagen« und was der Formulierungen mehr sind. Um so reden zu können, müssen Sie sich nur die Börsennachrichten anhören oder die letzte Verlautbarung des Finanzministers le-

sen. Je harmloser die Wörter, umso größer die Fehlbeträge. Mit dem Kredithiwi kann man so natürlich nicht reden. Denn der lebt in der ständigen Angst vor der Kreditrevision, die ihm das Leben schwer macht: »Und wieso hat der Herr Angehrn bei Ihnen denn 15.000 laufen? Ohne feste Anstellung, mit höchstem Verletzungsrisiko und einer Frau mit vier Kindern?« Keiner dieser Herrschaften wird sich vor Sie stellen, sondern sie werden den Anschiss nahtlos an Sie weitergeben.
Sehen Sie deshalb zu, dass Sie mit dem Chef verhandeln. Das ist nicht so schwer, wie Sie denken. Rufen Sie einfach an und lassen Sie sich einen Termin geben. Wenn der hohe Herr meint, dafür wäre doch sein Kreditsachbearbeiter zuständig – bluffen Sie. Erzählen Sie etwas von einem Problem, das Sie nur mit ihm besprechen könnten. Chefs sind eitel, und sie lieben es, wenn ihre Wichtigkeit ständig betont wird. Wenn Sie den Termin bekommen haben, legen Sie sich eine plausible Geschichte zurecht. Sie wollen keinen neuen Kredit, Sie möchten nur den alten

»Was ist der Überfall auf eine Bank schon gegen den Besitz einer solchen?«
Bertolt Brecht, Schriftsteller

Tipp: Umgang mit dem Gerichtsvollzieher
Dem Gerichtsvollzieher die Tür nicht zu öffnen ist eine schlechte Strategie. Er wird mit einem Schlosser und einer Durchsuchungsanordnung wiederkommen. Bitten Sie ihn also freundlich herein und zeigen Sie ihm alles, was er sehen will. Auskünfte über Ihre Arbeitsstelle und Ihre Bankverbindungen müssen Sie ihm jedoch nicht geben. Die meisten Gerichtsvollzieher (in der Schweiz heißen sie Betreibungsbeamte, in Österreich Exekutoren) verstehen durchaus, dass man sich verschulden kann. Wenn Sie nett zu ihnen sind, kann es passieren, dass Sie sehr viel von diesen Menschen profitieren können. Herr S., mein Betreibungsbeamter, hat mir oft geholfen. Das danke ich ihm heute noch.

langsamer und zu besseren Konditionen laufen lassen. Und Sie wollen einen Menschen in der Bank sitzen haben, der etwas zu sagen hat und Sie notfalls solidarisch behandelt. Erzählen Sie dem Zweigstellenleiter etwas von einer neuen beruflichen Idee, von Investitionen, um schneller wieder schuldenfrei zu sein, reden Sie über Zusatzeinkommen und mögliche Subunternehmen – und ziehen Sie ihn als Berater und Fachmann ins Vertrauen. Sie werden bestimmt keinen zusätzlichen Kredit bekommen (das wollten Sie auch gar nicht), aber der Mann wird wissen, dass dieser Schuldner ein dynamischer und angstloser Einzelkämpfer ist. Vielleicht so einer, wie er selbst immer gerne geworden wäre. Er wird Sie wieder erkennen, wenn Sie das nächste Mal in seine Bank kommen, und er wird Ihnen zuwinken oder Sie mit Handschlag begrüßen. Und damit haben Sie endlich Ihren Sachbearbeiter an der Leine.

Auch Banker sind nur Menschen – obwohl man sich bei Leuten von der Kreditrevision da nicht so sicher sein kann.

Aber auch wenn Sie bei Ihrer Bank nicht weiterkommen, geben Sie nicht auf. Es gibt noch andere Banken. Machen Sie sich nicht klein, wenn Sie mit einer neuen Bank verhandeln, nur weil Sie Schulden haben. Keine Zweigstelle ist gleich, und ihre Qualität steht und fällt mit der ihrer Mitarbeiter.

Der Mann mit dem Kuckuck

Haben Sie Ihren Gerichtsvollzieher schon kennen gelernt? Beim ersten Mal wird er nur nach einer schriftlichen Benachrichtigung auftauchen (ohne sie darf er das gar nicht) und Sie meist freundlich und sachverständig auf ausstehende Zahlungen ansprechen. Sie sollten ihn in die Wohnung bitten und dürfen ihm auch gerne einen Kaffee anbieten – denn Gerichtsvollzieher können die besten Freunde eines Schuldners werden und wertvolle Ratgeber

dazu. Schenken Sie dem Gerichtsvollzieher immer reinen Wein ein und vergessen Sie nicht: Der Mann tut nur seinen Job und ist nicht Ihr Gläubiger. Er hat schon Tausende Schuldner gesehen und reagiert auf Leute, die ihm seinen Beruf nicht schwer machen, mit Zuvorkommenheit. Wenn Sie es richtig anstellen, kriegen Sie von ihm so gute Tipps wie von einem Schuldnerberater.
Der Gerichtsvollzieher ist nicht verpflichtet, die Eigentumsverhältnisse der pfändbaren Gegenstände in Ihrer Wohnung zu prüfen. Aber er lässt sich von freundlichen Schuldnern eher einmal überzeugen, dass das Ölbild nur eine Leihgabe eines alten Schulfreundes ist. Er darf Ihre Wohnung komplett inspizieren und wird seinen berühmten Kuckuck (in Deutschland ein Pfandsiegel mit dem Adlerwappen darauf) auf die Rückseite der pfändbaren Gegenstände kleben. Geld, Schmuck und Wertpapiere kann er gleich gegen Ausstellung einer Quittung mitnehmen. Zahlen Sie in der danach mit ihm vereinbarten Zeit immer noch nicht, werden die Gegenstände abgeholt und zur Versteigerung freigegeben. Wer sich jedoch ein bisschen auf den Besuch

»Leute, die nie mehr leisten als das, wofür sie bezahlt werden, werden nie für mehr bezahlt als für das, was sie tun.«
Elbert Hubbard, Ökonom

Tipp: Unpfändbare Gegenstände
In § 811 der Zivilprozessordnung sind sie im Einzelnen aufgelistet. Darunter sind die wichtigsten:
1. Die normale Wohnungseinrichtung mit Bett, Schrank, Sitzmöglichkeiten, Tisch, den üblichen Haushaltsgeräten einschließlich Kühlschrank und Waschmaschine.
2. Radio- und Fernsehgerät.
3. Das Auto, wenn es zur Berufsausübung oder aus gesundheitlichen Gründen (Schwerbehinderung) unentbehrlich ist.
4. Geldbeträge, die zum Lebensunterhalt der Familie (einschließlich der Miete) benötigt werden.

eines Gerichtsvollziehers vorbereitet, kann ihm beruhigt ins Auge sehen, denn es gibt jede Menge unpfändbare Gegenstände. Der Gerichtsvollzieher fragt die Gläubiger gerne nach Arbeitsstelle, Bankverbindung und anderen Vermögenswerten aus. Darauf müssen Sie als Schuldner keine Antwort geben, Ihre Familie übrigens auch nicht.
Wenn Sie sich mit dem Gerichtsvollzieher gut stellen, kann er auch die Abgabe einer eidesstattlichen Versicherung (der frühere Offenbarungseid) hinauszögern. Denn die muss inzwischen nicht mehr ausschließlich beim Amtsgericht abgegeben werden, die kann auch der Mann mit dem Kuckuck abnehmen.

Nerven behalten!

Viel unangenehmer als die offiziellen Gegner sind die Jungs vom Inkassobüro. Allein die 455 Mitglieder des Bundesverbands Deutscher Inkassounternehmen zogen 2001 Forderungen in Höhe von über 8 Milliarden DM ein. Unter Kampfsportlern entspre-

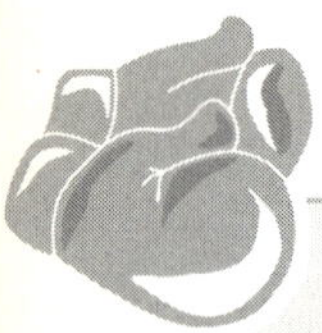

Tipp: Harte Gegner – Inkassobüros

Der Unterschied zwischen einem Gerichtsvollzieher und einem Mitarbeiter eines Inkassobüros ist, das Letzterer motivierter ist und trickreicher vorgeht, um Ihre Schulden einzutreiben. Bevor Ihnen vom Inkassobüro nicht die Abtretungsvollmacht Ihres Gläubigers vorgelegt wurde, sollten Sie gar nicht reagieren. Sie müssen Mitarbeiter des Inkassobüros nicht in Ihre Wohnung lassen und Sie sollten weder ein Schuldanerkenntniss noch Ratenvereinbarungen unterschreiben. Nehmen Sie unbedingt einen Rechtsanwalt oder einen Schuldnerberater zu Hilfe, wenn solche Büros Forderungen eintreiben wollen. Sollte Sie ein Inkassobüro aggressiv unter Druck setzen, können Sie sich umgehend beim zuständigen Landgericht darüber beschweren.

chen sie etwa den Straßenschlägern. Die gewerblichen Schuldeneintreiber sind viel penetranter als der Gerichtsvollzieher, und sie schlagen auch einen härteren Ton an. Zuerst sollten Sie einmal prüfen, ob das Inkassobüro, das bei Ihnen Geld eintreiben will, überhaupt eine offizielle Genehmigung hat. Dazu fragen Sie beim örtlichen Landgericht nach. Handelt es sich um »Schwarzschuldeneintreiber«, wenden Sie sich sofort an einen Schuldnerberater oder an die Staatsanwaltschaft.

»Eine Bank ist eine Einrichtung, die dir so lange Geld leihen wird, als du beweisen kannst, dass du keines brauchst.«
Spruch aus der Familie Fugger

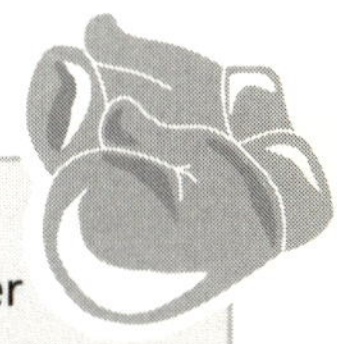

Tipp: Ombudsmann für Inkassostreit
Seit zehn Jahren gibt es in Deutschland einen Ombudsmann, der bei Streitigkeiten zwischen Inkassobüros und Schuldnern vermittelt. Das Verfahren ist kostenfrei, was einen Vorteil gegenüber gerichtlichen Verfahren bedeuten kann – aber nicht muss. Denn dieser Ombudsmann ist vom Bundesverband der Deutschen Inkassobüros eingesetzt worden und wird im Zweifel wohl eher für das Inkassobüro entscheiden. Der Ombudsmann muss schriftlich angerufen werden: BDIU e.V., Schiedsstelle, Brennerstr. 76, 20099 Hamburg, oder bdiu@inkasso.de
Bevor Sie ein Gericht oder einen Ombudsmann bemühen, sollten Sie immer erst eine kostenlose Schuldnerberatungsstelle aufsuchen.

Inkassobüros dürfen nur Mahnungen an den Schuldner schicken, ihn zur Zahlung auffordern und den Gerichtsvollzieher beauftragen. Sie dürfen aber weder einen Mahn- noch einen Vollstreckungsbescheid beantragen und schon gar nicht die Abgabe einer eidesstattlichen Versicherung. Und natürlich dürfen sie all das auch nicht androhen. Also, auf diese Leuten muss man ein aufmerksames Auge haben. Sollte Sie jemals ein Mitglied dieser Gilde in der Öffentlichkeit belästigen, zeigen Sie ihn sofort beim zuständigen Landgericht oder bei der Staatsanwalt-

»Wer der Meinung ist, dass man für Geld alles haben kann, gerät leicht in den Verdacht, dass er für Geld alles zu tun bereit ist.«
Benjamin Franklin, Staatsmann und Erfinder

schaft an. Ganz genauso sollten Sie vorgehen, wenn Ihr Arbeitgeber von einem Mitarbeiter eines solchen Büros über Ihre privaten Schulden informiert wird. Natürlich ist den privaten Schuldeneintreibern ebenfalls verboten, Sie zu täuschen und intime Daten weiterzugeben, von körperlicher und psychischer Gewalt mal gar nicht zu reden. Aber obwohl ich ein Boxer bin, muss ich Ihnen raten: Schlagen Sie nicht zurück, sondern zeigen Sie die Jungs an. Das tut ihnen mehr weh – und nur so ändern sich die Praktiken der Inkassobüros.

Restschuldbefreiung zum Nulltarif
Wenn Sie so tief im Schuldensumpf stecken, dass Sie keine andere Möglichkeit mehr sehen, können Sie auch aufs Ganze gehen. Vereinbaren Sie mit Ihren Gläubigern, dass Sie über eine bestimmte Zeit nur dann zahlen, wenn Sie ein pfändbares Einkommen haben. Damit lassen Sie durchblicken, dass Sie andernfalls nur so viel verdienen würden, dass dem Gläubiger überhaupt nichts zukäme. Sie können auch eine geringe Einmalzahlung anbieten. Überlegen Sie es sich jedoch vorher gut, woher Sie das Geld nehmen, falls der Gläubiger tatsächlich zustimmen sollte.

Am schwierigsten ist oft das Verhalten gegenüber den privaten Gläubigern, denn im Unterschied zu den offiziellen ist dabei das Herz beteiligt, nicht nur das Portemonnaie. Ihnen müssen Sie kein forsches Auftreten vorspielen, Sie sollten sich jedoch ab und zu sehen lassen und mit ihnen über Ihre aktuelle Situation reden. Niemand erwartet, dass Sie gleich auf Schulden zu sprechen kommen; erzählen Sie lieber von Ihren Plänen, von Erfolgen und Rückschlägen, von Ihrer Familie. Und Sie können sich auch entschuldigen, weil Sie sich jetzt erst melden.

Das ABC des souveränen Auftretens

Können Sie meditieren? Ich auch nicht. Aber als Boxer habe ich einige Techniken zur Entspannung und Konzentration gelernt, zum Angstabbau und zur Stärkung des Selbstbewusstseins. Diese paar einfachen Lektionen können Ihrem Auftreten die Souveränität verleihen, die Sie im Schuldenkampf dringend brauchen.

Um in einer unangenehmen oder Angst einflößenden Situation souverän zu bleiben, ist es gut, sie sich vorher zu visualisieren, also bildlich vorzustellen. Steht etwa ein Gespräch mit Ihrem Banker an, bei dem Sie ihn um Kürzung der Raten bitten möchten, dann malen Sie sich den Ablauf dieses Gesprächs möglichst plastisch aus. Beginnen Sie mit dem Betreten der Bankfiliale, lassen Sie sich anmelden, stellen Sie sich die Wartezeit vor, das Treffen mit dem Filialleiter, die Begrüßung, die Unterhaltung. Wie fühlen Sie sich bei jeder Szene? Welche Worte finden Sie, wenn der Banker Sie anspricht? Wie reagieren Sie auf mögliche Vorwürfe? Spielen Sie alle Szenen in Gedanken durch und nehmen Sie auch die Hilfe von Freunden oder der Familie an, mit denen Sie diese Verhandlungen in Dialogen mit vertauschten Rollen führen können.

»Lerne die Regeln – um sie dann zu brechen!«
Dalai-Lama, spiritueller Lehrer

Nutzen Sie in Zukunft jede sich bietende Pause, um sich auf einen möglichen »GAU« vorzubereiten, etwa auf ein plötzliches Treffen mit einem privaten Gläubiger, der schon lange nichts mehr von Ihnen gehört hat. Stellen Sie sich vor, Sie treffen ihn in einem Feinkostladen, in dem Sie gerade mit drei Flaschen Champagner und einer Dose Gänseleberpastete an der Kasse stehen. Wie begrüßen Sie ihn? Gehen Sie in der Fantasie alle Menschen durch, die Ihnen Angst oder Unbehagen bereiten – vom Finanzamtsvorsteher über die Politesse und den Banker bis zum Gerichtsvollzieher. Sie werden sehen,

»Ist mir Wurscht, was die Leute von mir halten. Wenn die Kohle heute für Zigaretten und Schnaps reicht, habe ich morgen keine Schulden.«
Ernst S., ohne festen Wohnsitz

zum einen relativieren sich Angst und Abwehr, zum anderen fallen einem gute Sprüche ein, die man im Ernstfall hoffentlich noch parat hat. Überlegen Sie auch, wie Sie mit Ablehnung, Feindseligkeit und Aggression umgehen.
Sie können für solche Eventualitäten auch mit Ihrem Partner oder – noch besser – mit den Kindern Rollenspiele machen, bei denen die anderen jeweils in die Rolle der »Bösen« schlüpfen. Ich kann im Ring auch nicht lange überlegen, was ich mache, wenn ein Schlag kommt. Ich muss alle Möglichkeiten schon vorher durchgespielt haben. Sie sehen wieder einmal, wie viele Gemeinsamkeiten Boxer und Schuldner haben.

Gegen den Stress

Manchmal sind es bestimmte Menschen, die Angst auslösen. Stellen Sie sich diese Personen einfach in komischen, peinlichen oder anzüglichen Situationen

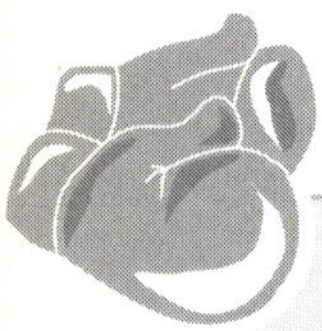

Tipp: Übungen vor schwierigen Gesprächen

Stimme und Atem sind bei unangenehmen Gesprächen verräterisch. Beginnen Sie eine Viertelstunde vor dem Termin mit diesen Übungen:

1. Dehnen und Gähnen: Langsam und kraftvoll strecken wie ein Tiger, der gerade aufgewacht ist, und dabei gähnen, so fest Sie können.
2. Stehen Sie locker und aufrecht. Holen Sie tief Atem, zuerst in den Bauch (Zwerchfell spüren!), dann die Brust aufblasen, bis Sie völlig prall sind. Atem halten und kräftig durch den gespitzten Mund blasen.
3. Einatmen wie bei 2. und den Atem so lange anhalten wie nur möglich. Dann durch den weit aufgerissenen Mund mit einem gewaltigen Stoß ausatmen.
4. Kräftig mit beiden Fäusten auf der Brust trommeln.

vor – den Banker unterwürfig bei seiner Domina oder den Mann von der Hausverwaltung als bekifften Hippie. Das Bild wird sich wieder in Ihre Fantasie schleichen, wenn Sie der Person das nächste Mal gegenüberstehen. Passen Sie nur auf, dass Sie nicht zu sehr lachen!
Selbstdarstellung ist enorm wichtig, das weiß jeder Boxer. Am besten hat das mit Sicherheit Muhammad Ali gemacht, ein echtes Naturtalent. Durch seine große Klappe hat er nicht nur seine Gegner provoziert. Entweder man liebte ihn oder man hasste ihn, aber alle schauten sich seine Fights an, und deshalb ist er zu Recht bis heute der Größte geblieben. Machen Sie es doch einmal wie Ali, provozieren Sie mal richtig! Malen Sie ein großes Schild: »Habe Schulden, suche Rat!« und stellen Sie es ins Rückfenster Ihres Autos. Geben Sie Kleinanzeigen auf mit dem Text »Schulden zu verschenken!« und Ihrer Telefonnummer.

»Das Geld ist leider die Sache, für die man im Leben am meisten zahlen muss.«
Juliette Gréco, Sängerin

Frech aus eigener leidvoller Erfahrung

Die Negativschlagzeilen der Schweizer Medien über abgesagte Titelkämpfe und meine Schulden haben zwar wehgetan, aber sie haben mich auch zu dem gemacht, was ich heute bin: berühmt.
Berühmt und frech, sagen viele, und sie haben Recht. Sehen Sie zu, dass Sie auffallen und dass man über Sie redet! Schuldner müssen sich nicht verstecken, sie können sehr offensiv mit ihren Problemen umgehen. Denn es sind die Probleme einer Minderheit, die täglich größer wird. Vielleicht wird sie sogar einmal die Mehrheit in Europa sein.

Drohende Niederschläge

»In der einen Hälfte unseres Lebens opfern wir die Gesundheit, um Geld zu erwerben, in der anderen opfern wir unser Geld, um die Gesundheit wieder zu erlangen.«
Voltaire, Schriftsteller und Philosoph

Die ominöse siebte Runde ist angebrochen, die bei Boxern keinen guten Ruf hat. Aber was soll's, warum nicht mal in die Knie gehen? Ich und meine Familie haben auch manche Schlacht zwischendurch in erster Instanz verloren – und wir sind erst beim zweiten oder dritten Anlauf auf die Siegerstraße zurückgekehrt.
Ich musste mit einem meiner besten Freunde bis vor den Richter gehen, bevor der sture Kerl endlich nachgab und sich mit mir in der Mitte seiner Forderungen einigte. Beim Vermieter meines Boxraums hatte ich aus lauter Unkenntnis einen – man kann es nicht anders sagen – Scheißvertrag unterschrieben, den man auch sittenwidrig hätte nennen können. Der Mistkerl machte mich zwei Jahre lang zur Schnecke, bis ich durch Zufall Beistand von einem Rechtsanwalt erhielt und schließlich Recht bekam.

Über die volle Distanz

Es geht dem Ende zu, auch wenn der Schlussgong noch lange auf sich warten lässt. Aber jetzt hat jeder Boxer kapiert, dass er über die volle Distanz gehen wird, und jeder Schuldner hat verstanden, dass Schuldenhaben eine echte Aufgabe bedeutet. Eigentlich einen Vollzeitjob. Und möglicherweise eine trübe Aussicht für eine große Masse unserer Bevölkerung – Schulden als Lebensaufgabe. Denn die Privatschulden werden in Deutschland, und wahrscheinlich überall auf der Welt, immer mehr zunehmen, durch die Globalisierung und Automatisierung, die Arbeitsplätze vernichten und nur noch die billigste Arbeitskraft zulassen.
Doch das Hauptproblem wird meist nicht einmal das fehlende Geld sein, es ist die Scham und die man-

gelnde Kommunikation untereinander. Ich bin doch selbst das beste Beispiel dafür, dass Schuldenhaben relativ ist, oder? Ich bewege mich seit Jahren als Pleitegeier in der obersten Liga – und keiner stört sich daran. Es ist mein Logo geworden, mein Markennamen: »Angehrn, der boxende Pleitegeier«. Aber die Leute wissen auch, dass ich mich aus jedem Schuldenloch wieder herausgearbeitet habe. Die Schulden sind inzwischen zur Gewohnheit geworden. Man weiß, dass man sie hat und ernst nehmen

Tipp: Nebenkosten über den Daumen peilen

Schätzen muss man können, wenn man sich nicht verschulden will. Das gilt auch und gerade für die Nebenkosten, die sich so vertrackt verstecken können. Über den Daumen können Sie rechnen:
Heizenergieverbrauch pro Quadratmeter Wohnfläche:
20 Liter Heizöl/20 Kubikmeter Gas im Jahr
Wasserverbrauch pro Jahr und Person: 45.000 Liter
Stromverbrauch pro Jahr und Person: 1.700 kWh (Kilowattstunden)

muss, dass man sie nicht verschweigen und verstecken soll, und man hat das Gefühl, jetzt endlich gut damit umgehen zu können. Man ist ein Schuldenprofi geworden. So wie der Boxer, der sich nach sechs Runden warm geschlagen hat. Er weiß, dass die Schläge verteilt sind – jeder bekommt etwas ab –, aber dass er sich ganz langsam über die Punkte nach vorn boxen wird und dass er einen sicheren Fight nach Hause bringt. Auch wenn ich alle sechs Runden bisher verloren habe, kann ich immer noch die nächsten sechs gewinnen und im Endspurt noch siegen.
In diesem Zustand der »Normalität« drohen die schlimmsten Niederschläge. Bei Boxern, weil sie in ihrer Aufmerksamkeit nachlassen, bei Schuldnern,

weil sie glauben, die Entschuldung ist nur noch Formsache. Man hat sich einen Monatsplan gemacht, man hat einen Trainer, jeder weiß Bescheid, man ist vorsichtig und wird nicht wieder über die Stränge schlagen – das ist die Runde, in der es leicht zu unerwarteten Niederschlägen kommt. Denn auch ein gut eingestellter Schuldner sollte nie vergessen, dass er mit Höchstgeschwindigkeit auf einer rutschigen Straße fährt. Er hat seinen Wagen vielleicht ganz gut im Griff, aber er kann nichts gegen ein aus dem Wald springendes Reh machen.

»Nicht alle, die sparen, werden reich. Aber fast alle, die nicht sparen, bleiben arm.«
Anzeigentext einer Bankenwerbung

Plötzlich aus dem Wald springende Rehe sind zum Beispiel eine dringend erforderliche Zahnbehandlung, bei der die Krankenkasse (weil die ja auch so verschuldet ist) nicht einmal die Hälfte der Kosten zuzahlt, eine Wohnungskündigung wegen Eigenbe-

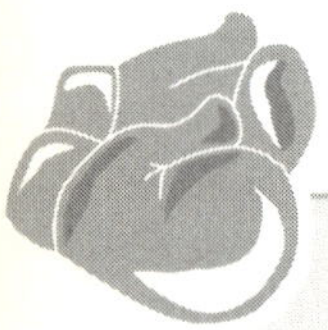

Tipp: Wasser ist pures Geld!

Abgesehen davon, dass Wasser in der nahen Zukunft weltweit immer mehr zu einer Kostbarkeit werden wird, ist es auch jetzt schon teuer. Vergeuden Sie es nicht.

1. Vermeiden Sie tropfende Wasserhähne.
2. Bauen Sie in die WC-Spülung einen Wasser sparenden Umrüstsatz ein. Sie können so bis zu zwei Drittel Brauchwasser sparen.
3. Verzichten Sie auf die meist völlig überflüssige Vorwäsche bei der Waschmaschine. Die Spartaste dagegen bringt keine Ersparnis.
4. Spülen Sie das Geschirr bei Geschirrspülern nicht vor, aber achten Sie darauf, dass die Tür der Maschine immer fest geschlossen ist. Die Luftfeuchtigkeit im Inneren verhindert, dass Speisereste antrocknen.
5. Spülen Sie Obst, Gemüse und Geschirr nicht unter fließendem Wasser – in der Minute verbrauchen Sie fast 10 Liter Wasser!
6. Duschen Sie sich lieber öfter, als ein Vollbad zu nehmen. Sechs Minuten lang duschen entspricht dem Drittel eines Wannenbads. In drei Minuten verduschen Sie immerhin 100 Liter Wasser.

darf, ein Kolbenfresser im Familienauto oder – der GAU: der Verlust des Arbeitsplatzes.
Dazu kann ich aus eigener Erfahrung Folgendes berichten: Als ein Mann, der auf Sicherheit boxt, hatte ich natürlich meine ganze Familie bei der Krankenkasse privat versichert, inklusive Zusatzleistungen wie Zahnversicherung, Kuraufenthalte und so weiter. Doch was passiert als Erstes, wenn man bei die-

»Probleme mit Geld sind besser als Probleme ohne Geld.«
Malcolm Forbes, Verleger

Tipp: Energie sparen!

1. Lüften Sie nicht stundenlang bei gekipptem Fenster, sondern sorgen Sie bei weit offenem Fenster 10 Minuten lang für guten Durchzug und schließen Sie dann die Fenster wieder. Bei dieser Methode hat auch der Schimmelpilz keine Chance mehr.
2. Passen Sie die Raumtemperatur der Raumnutzung an – sprich: Wo ich nicht bin, da ich nicht heiz!
3. Statten Sie alle Heizkörper mit Thermostatventilen aus.
4. Überheizte Räume sind ungesund. Besser ist es, wenn Sie in leicht angeheizten Räumen warme Kleidung tragen – das spart Geld und trägt zu Ihrem Wohlbefinden bei.

sen Prämien unregelmäßig zahlt? Die Zusatzversicherungen entfallen sofort. Als unsere kleine Tochter Joy über ein halbes Jahr immer wiederkehrende Probleme mit einem Eiterzahn hatte, empfing uns unsere Zahnärztin nur noch widerwillig. Wir schuldeten ihr seit acht Monaten 545 Franken und konnten diesen Betrag einfach nirgends abzweigen. Sie versäumte aber nicht, uns darauf hinzuweisen, dass eine solche Entzündung im Kopfbereich einen möglichen Krankenhausaufenthalt zur Folge haben könnte und dass wir nicht wiederzukommen bräuchten, bevor wir nicht alles bezahlt hätten. Die Zähne der Kleinen waren wirklich sehr schlecht und

»Geiz ist geil!«
Media Markt

von dem vielen Teenuckeln im Babyalter schon fast schwarz. Hilfe kam dann von ganz anderer Seite: Ein lieber Mensch, dem ich seit längerer Zeit einen größeren Betrag schuldig war, traf sich mit uns zu Kaffee und Kuchen, und ich erzählte ihm von unserem Problem. Bei dieser Gelegenheit sah er die Zähne der Kleinen und war ganz erschrocken. Als wir uns an der Tür verabschiedeten, steckte er mir einen Tausender zu und bat mich, die Zähne gleich richten zu lassen. »Du kannst deiner Tochter doch nicht die Zukunft verbauen!« Auch das können Sie als Schuldner erleben – Sie lernen anständige Menschen kennen.
Bei der damals 14-jährigen Kim war die Sache etwas anders: Obwohl wir keine Zahnversicherung mehr hatten, brauchte sie dringend eine Zahn-

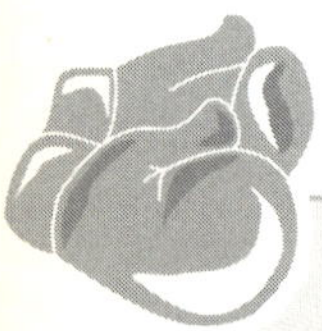

Tipp: Gegen den Strom!

Stromsparen ist gut für die Brieftasche und für das Gewissen:

1. **Kaufen Sie nur Geräte mit niedrigen Verbrauchswerten.**
2. **Schalten Sie den Stand-by-Betrieb ab – egal, ob Fernseher, PC, Videorekorder, Hi-Fi-Anlage oder Drucker: Sie sparen bis zu 50 Euro im Jahr.**
3. **Verwenden Sie Energiesparlampen.**
4. **Denken Sie daran, dass Räume, in denen kein Mensch sitzt, auch dunkel bleiben können.**
5. **Stellen Sie den Heißwassererhitzer auf 60 Grad ein. Diese Temperatur ist für alle Tätigkeiten im Haushalt ausreichend, die Geräte arbeiten wirtschaftlich und verkalken nicht so schnell.**

spange. Der Kieferorthopäde Dr. P. machte mir einen Kostenvoranschlag von 11.700 Franken. Ich erzählte ihm von meiner finanziellen Situation, und er erklärte sich bereit, Kim vorerst kostenlos zu behandeln. Ich sollte die Rechnung eben bezahlen, wenn es mir möglich sein würde. Die Behandlung dauerte insgesamt 21 Monate, und ich konnte in dieser Zeit nicht ein einziges Mal etwas anzahlen. Dr. P. war immer freundlich und fragte nach meinen Fortschritten. Ich stand ihm auch stets persönlich Rede und Antwort. Verstecken Sie sich bloß nie, wenn Sie einen solchen Gläubiger haben! Schließlich war die Behandlung beendet, und die Rechnung hatte Dr. P. aus Gutmütigkeit nur auf 9.000 statt auf

»Was man mit Geld nicht kaufen kann, kann man mit noch mehr Geld kaufen!«
Doktor Mabuse, Filmbösewicht

Test: Leben Sie sparsam?

1. In meiner Wohnung stehen die Türen immer offen, weil ich mich sonst eingesperrt fühle.
2. Im Winter muss man öfter lüften, weil die Heizung den ganzen Sauerstoff verbraucht.
3. Ich habe einen festen Waschtag in der Woche – egal, ob es gerade viel oder wenig schmutzige Wäsche gibt.
4. Ich telefoniere dann, wenn ich telefonieren will. Diese günstigen Tarife sind was für Erbsenzähler.
5. Wenn ich im Winter abends heimkomme, will ich es warm haben. Deshalb läuft die Heizung den ganzen Tag.
6. Wenn ich frustriert bin, belohne ich mich schon mal mit einem schicken Kleidungsstück.
7. Bevor ich das schmutzige Geschirr in die Spülmaschine stelle, wasche ich den ärgsten Dreck mit heißem Wasser ab.
8. Die Trommel meiner Waschmaschine wird nie ganz voll.

Je mehr »Ja«-Antworten Sie haben, umso weniger Wert legen Sie aufs Sparen, umso leichtsinniger geben Sie Ihr Geld aus. Denken Sie daran, dass vieles ökologisch und auch ökonomisch vernünftig ist.

11.700 Franken ausgestellt. Zwei Monate nach der letzten Behandlung konnte ich eine erste Rate von 500 Franken überweisen – und ich werde diese

Schuld (wie die anderen Schulden auch, aber diese mit besonders viel Herzblut) bis zum letzten Franken zurückzahlen. Schulden haben und sie begleichen ist Ehrensache.

Ökologie und Ökonomie

Schulden haben und sie begleichen ist Ehrensache.

Ein Ausrutscher, und plötzlich wird aus der als normal angesehenen Verschuldung die Überschuldung. Die Raten können nicht mehr bezahlt werden, vielleicht wird sogar das Telefon abgestellt, danach Strom und Gas. Meine Frau und ich brauchen beide beruflich ein Handy und eine Büroleitung mit Internetanschluss, was monatlich insgesamt zwischen 1.500 und 2.000 Franken kostet. Nachdem uns das Telefon zum wiederholten Mal abgestellt worden war und wir für jede Wiedereinschaltung (auch so eine fiese Masche der Telekom) nochmals 40 Franken pro Nummer zahlen mussten, fing ich an, mir immer genau am Tag vor der Abschaltung Geld zu organisieren, um eine Sperrung zu vermeiden. So kamen Rhythmus und Disziplin ins Ganze, und außerdem fielen die Sperrungskosten weg.
Das gleiche Spiel bei Strom und Wasser: Kaum drohte die Sperre, musste ich zur Gemeindeverwaltung gehen und 100 Franken hinlegen, damit ich einen Aufschub bekam. Der gute Effekt dabei war, dass ich bewusster mit Strom und Wasser umging und anfing zu sparen.

Schulden kann man sich sparen

»Geld ist sehr wichtig, aber man sollte sich nicht darin verlieren!«
Dariusz Michalczewski, Boxer

Wenn die Schulden anfangen zu drücken, kann Sie gezieltes und effektives Sparen vor dem Schlimmsten bewahren. Überziehungsschulden können Sie in günstigere Kleinkredite umschulden, Luxusgegenstände auf Raten kann man zurückgeben, Zeitungsabonnements können Sie kündigen und die Beiträge für Lebensversicherungen – wenigstens für ein paar Monate – ruhen lassen. Konsequentes Sparen kann monatlich bis zu einem Viertel der Ausgaben reduzieren. Manchmal schon der Ausweg aus einer kleinen Überschuldung – und auf jeden Fall ein heilsamer Schuss vor den Bug!

Wer Anspruch auf Sozialhilfe hat, dem werden auch Beiträge zur Hausrat- und Privathaftpflichtversicherung erstattet.
Sozialhilfegesetz

Offizielle Schulden

Schulden bei Behörden sind unangenehm und hoffnungsvoll zugleich. Denn nach dem Sozialstaatsgebot sind Behörden verpflichtet, Ihre finanzielle Situation zu berücksichtigen. Das Gesetz hängt Ihnen

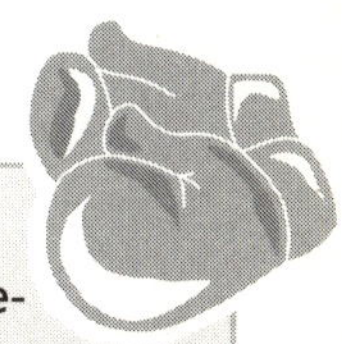

Tipp: Sparsam und trotzdem schick
Keine Angst vor Secondhandläden und dem Angebot, gebrauchte Kleidung von Freunden und Bekannten zu übernehmen. Verwechseln Sie nicht Stolz mit Dummheit. Kaufen Sie Kinderkleidung lieber immer etwas zu groß, damit sie nicht gleich wieder zu klein ist. Lassen Sie den Kindern zu Weihnachten oder Geburtstagen von der Verwandtschaft lieber gute Bekleidung als Schnickschnack schenken. Prüfen Sie vor dem Kauf, ob sich ein Kleidungsstück normal waschen lässt oder ob man es teuer reinigen muss.

also quasi einen Maulkorb um. Das klappt aber nur dann, wenn Sie auch ständig Kontakt zu den Stellen halten und sie mit Belegen über Ihre missliche finanzielle Lage unterrichten.

Wo man nicht sparen sollte

Wie sieht es mit Ihren Rentenansprüchen aus? Haben Sie eine Zusatzversicherung, eine Lebensversicherung oder Ähnliches? Diese Beiträge sollten nicht gespart werden, denn Lebensrisiken (vor allem wenn Sie eine Familie haben) müssen immer abgedeckt bleiben.

Wem Sie nichts von Ihren Problemen erzählen, der kann Ihnen auch nicht helfen!

Versuchen Sie die Leistung Ihrer Krankenkasse immer an die aktuellen wirtschaftlichen Verhältnisse anzupassen. Wenn Sie die Beiträge einmal tatsächlich nicht bezahlen können und es einen aktuellen Notfall gibt, dann zum Sozialamt. Dort bekommen Sie sofort einen Krankenschein. Krank wird man nämlich leicht, wenn man pleite ist und noch dazu Schulden hat.
Als Boxer wird man angezählt, man rappelt sich verwirrt wieder hoch, atmet kräftig durch, zwinkert mit den Augen – aber als Schuldner heißt es nun: Zähne zusammenbeißen und über sich selbst hinauswachsen. Und tatsächlich: In der Not kann man vieles, das man sich vorher nie getraut hätte, und man kann Leute fragen, an die man früher nie gedacht hätte.

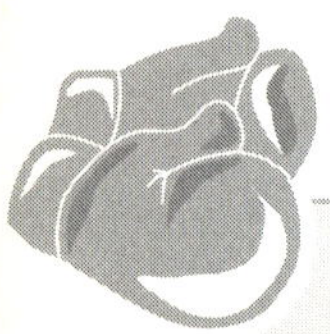

Tipp: Kosten und Nutzen der Versicherungen

An Versicherungen zu sparen ist langfristig ein Verlustgeschäft. Aber vielleicht sind manche Versicherungen überflüssig? Beiträge lassen sich oft senken, wenn man die Laufzeit oder die Versicherungssumme ändert. Sie können Kapitallebensversicherungen in Risikoversicherungen umändern, aber Sie sollten das nur tun, wenn diese Versicherung nicht die einzige Vorsorge für das Alter oder die Arbeitsunfähigkeit ist. Sie können allerdings auch bisher erworbene Überschüsse mit den Beiträgen verrechnen und sie damit senken. Sie können die Versicherung auch für eine bestimmte Zeit beitragsfrei stellen. Reden Sie offen und ehrlich mit Ihrem Versicherungsvertreter und lassen Sie sich nicht mit Standardfloskeln wie »unterversichert« abwimmeln.

Checkliste: Versicherungen
Mitteleuropäer sind meist überaus gut versichert. Jeder Mexikaner oder Inder würde sich enorm wundern über die Vielfalt unserer Versicherungen, und manche Versicherungen sind tatsächlich überflüssig. Wenn es Ihnen finanziell gerade nicht besonders gut geht, können Sie auf exotische Sicherheitspakete wie Glasbruch-, Insassenhaftpflicht- oder Ausbildungsversicherung verzichten. Aber auch eine Rechtsschutz- oder Reisegepäckversicherung lässt sich mit etwas Aufmerksamkeit und Augenmaß stornieren. Unfall- und Hausratversicherung sind empfehlenswert. Nicht verzichten sollten Sie auf Privathaftpflichtversicherung, Risikolebens- und Berufsunfähigkeitsversicherung für den Hauptverdiener der Familie. Und wer ein Auto hat, muss natürlich eine Kfz-Haftpflichtversicherung abschließen.

Ich rate Ihnen zu der Maxime: Jedem, dem ich nichts von meinen Problemen erzähle, nehme ich die Chance, mir seine Hilfe anzubieten. Das ist meine Erfahrung. Wenn Sie ein paar Mal gehört haben: »Hättest du mich halt gefragt«, dann fragen Sie tatsächlich auch jeden. Sie merken schon, wenn sich jemand belästigt fühlt, und können das Gespräch beenden. Das ist völlig in Ordnung, denn niemand ist verpflichtet, Ihnen zu helfen. Wer nicht will, soll uns auch nicht helfen. Allerdings hat mir schon einmal ein Wildfremder geholfen, nur weil ich ihm eine Chance gegeben habe. Ich erzählte ihm nämlich von mir – von meiner Karriere, von meinen Hobbys, meiner Familie und meinen Schulden. Als dieser Mann mich Jahre später zufällig anrief und ich über meine »Scheißschulden« fluchte, überwies er mir kommentarlos am nächsten Tag 5.000 Franken.
Wir wissen nie, welche Menschen uns das Schicksal vorbeischickt, und wer sie nur aus Stolz oder Angst nicht anspricht, wird auch nie ihre Gunst erfahren. Ehrlichkeit bringt Rosen.

»Borge stets von einem Pessimisten. Er rechnet nicht damit, dass er das Geld wiederbekommt.«
Henry Miller, Schriftsteller

Klammern

> **»Der größte Vorteil von Papiergeld ist der, dass man es massenweise mit der Harley abtransportieren kann!«**
> *»Black«, Ex-Boss der Schweizer Hells Angels*

Jetzt fangen beide langsam an, müde zu werden – Sie und Ihre Gläubiger. Beim Boxen kann man nur hoffen, dass man in dieser Runde nicht schon viel schlapper ist als der andere.
Aber wenn Sie bisher alles richtig gemacht haben – wenn Sie sich baldigst einen kompletten Überblick über Ihre Verbindlichkeiten verschafft haben, wenn Sie mit Ihren Gläubigern immer Kontakt gehalten und ihnen das Gefühl gegeben haben, dass Sie alles zurückzahlen wollen, wenn Sie einen Sparplan angelegt haben und weiteren Finanzrisiken aus dem Weg gegangen sind –, dann sollten Sie nach Punkten vorn liegen. Man darf auch mal eine Runde lang ganz bewusst einen Gang rausnehmen und »klammern«, wie wir Boxer sagen. Wenn beide eine Erholung brauchen, lehnt man sich aneinander, hält sich fest und wackelt ein wenig mit den Fäusten, damit das Publikum nicht zu sauer wird. Der Ringrichter muss uns dann ständig trennen, und das bringt jedes Mal ein paar Sekunden Pause und die Chance zum Durchschnaufen. Klammern gehört zur Taktik und wird mit dem Trainer immer in der vorherigen Ringpause abgesprochen.

Kraft tanken und Ruhe finden

Klammern muss man auch beim Zurückzahlen von Schulden. Ich kann meine Gläubiger nicht täglich mit aufregenden Neuigkeiten beeindrucken oder sie damit belästigen, was alles schief gelaufen ist. Man kann und muss den Gläubigern auch mal Ruhe gönnen. Aber nur, wenn sie davon überzeugt sind, dass Sie grundsätzlich ein ehrlicher und williger Schuldner sind und nicht einfach abtauchen.

Sie müssen jetzt Kraft tanken. Gönnen Sie sich einen »Belohnungstag« – oder eine ganze Woche. Auch Arbeitslose dürfen in Urlaub fahren, ohne ein schlechtes Gewissen haben zu müssen. Dann dürfen das gutwillige Schuldner auch.
Denn es ist eine ziemlich schlichte und spießige Sichtweise, die Mitglieder unserer Gesellschaft, die (schuldig oder schuldlos, schuldenfrei oder verschuldet) das Finanzspiel gerade nicht so spielen können, wie es gedacht ist, leiden zu lassen. Dabei sind die Vorwürfe leicht zu ahnen: Was muss der mit seinen Schulden auch noch für zwei Wochen nach Mallorca fliegen? Aber heute gibt es Billigflüge, und zwei Wochen außerhalb der Saison im Süden kommen billiger als zu Hause. So gesehen kann Urlaub auch »sinnvolles Sparen« sein.

Schlecht gelaufen, gutes Nachspiel

Als ich wieder einmal die Hoffnung auf einen großen Kampf begraben musste, dachte ich: Jetzt brauche ich einen Investor! Schließlich gibt es genügend

Tipp: Billig eine Auszeit nehmen
Bei ebay und ricardo findet man günstige Reiseschnäppchen, bei Fluggesellschaften wie Ryan Air oder Intersky bekommt man Billigflüge, und Schnellentschlossene buchen »Last-Minute« preiswerte Urlaubsflüge.

große Fußballclubs und Sportvereine, die aus Dummheit oder Unverfrorenheit eben mal ein paar Millionen Schulden machen – und dann kommt jemand mit einer Vision und einem Refinanzierungsplan, und schon geht es wieder. Dabei konnte ich für meine Schulden ja nicht einmal etwas. Ich rief also bei der Redaktion des Schweizer »Blick« an und bot ihnen meine Story an. Das fanden die auch ganz toll, führten ein Interview mit mir und schickten einen Fotografen. Aber dann beschloss die Redaktion, die es nur gut mit uns meinte, dass eine Tränendrüsengeschichte noch mehr Emotionen bringen und auch besser zur sympathischen Familie Angehrn passen würde. Also erschien »Blick« mit der Schlagzeile: »ANGEHRN 250.000 SCHULDEN!« Darunter stand eine Menge rührseliger Text, unter anderem, dass ich am nächsten Tag von 12 bis 14 Uhr an der Telefon-Hotline zu erreichen wäre. Und dann passierte das, womit bei »Blick« wohl keiner gerechnet hatte: Leute riefen an und beschimpften mich massiv, was mir und meiner Familie eigentlich einfiele, öffentlich wegen Schulden zu jammern. Wenn das jeder täte! Dabei wollten wir doch als das »Unternehmen Angehrn« nur einen Investor finden und nicht um Almosen betteln.

»Einen Status erreicht man nicht durch Geld, sondern nur durch Persönlichkeit. Geld zu haben ist schön, aber es macht nicht glücklich – und es hat den Nachteil, dass man umso mehr Steuern zahlen muss, je mehr man hat.«
Lothar Matthäus, Fußballer

Andererseits konnten wir daraufhin zum ersten Mal nach acht Jahren Ferien machen, denn das Touristikunternehmen FTI schickte uns einen Gutschein für zwei Wochen Santo-Domingo-All-Inclusive-Ferien. Ein großartiges Geschenk! Natürlich war auch ein bisschen Eigenwerbung für die FTI dabei, aber das ist in Ordnung.

Damals habe ich kapiert, dass es sich auch hoch verschuldete Familien ruhig einmal gut gehen lassen dürfen. Schuldenbedienen ist nämlich einer der härtesten Jobs, die ich kenne. Ohne eine Auszeit schafft man diesen Stress niemals.

Heute noch fahren wir mit unseren Kindern jedes Jahr gratis in die Skiferien, weil ich mit meiner VIP-Agentur ein Gegengeschäft mit dem Hotel Eden in Arosa habe. Das Hotel könnte die VIP-Geschichte auch ohne mich aufziehen, aber wenn kein Geld fließen muss, sind beide Seiten zufrieden – und meine Kinder sind glücklich und sehen, dass Papa was kann. Trotzdem gibt es Leute, die sagen: »Typisch, die Eltern sind verschuldet, und die ganze Familie fährt in die Skiferien!«

Die Leute vergessen nur zu leicht, dass es mehr Energie erfordert, zu arbeiten und gleichzeitig seine Schulden zurückzuzahlen, als nur zu arbeiten. Und ohne die Möglichkeit, seine Batterien wieder aufzuladen, ist auch der willigste Schuldner schnell außer Puste. Also, kein schlechtes Gewissen: Nehmen Sie eine Auszeit und erholen Sie sich vom täglichen Schuldenstress. Denken Sie eine Woche lang an etwas anderes, genießen Sie eine sorgenfreie Zeit mit Ihrem Partner, freuen Sie sich an Ihrer Familie, treiben Sie Sport. Es muss ja nicht Golf sein. Vielleicht kennen Sie jemand, der Ihnen sein Mountainbike leiht, oder Sie gehen einfach zum Schwimmen. Selbstverwöhntage wirken Wunder!

»Schuldner werden einsam, doch paradoxerweise sind auch Schulden Verbindungen zur Umwelt. Manchmal tauchen in solchen Situationen Menschen auf, die man noch nie gesehen oder immer übersehen hat. Dafür lösen sich alte wohlhabende Feunde plötzlich in nichts auf.«
Cleo Kretschmer, Schauspielerin

Am liebsten abhauen!

Der Gerichtsvollzieher war schon wieder da. Vielleicht haben Sie auch Ihre erste Vorladung wegen eines ungeduldigen Gläubigers vor dem Amtsgericht. Oder der Banker droht Ihnen zum ersten Mal damit, die lange nicht bezahlte Hypothek gerichtlich einzufordern und Ihr Haus zur Versteigerung auszuschreiben. Im Schuldenkampf gibt es Katastrophen jeder Größenordnung, vom Hagelschauer bis zum Orkan.

Ich wollte schon ab und zu alles stehen und liegen lassen und abhauen, aber das habe ich keinem gesagt, denn alle wären enttäuscht gewesen. Ich war ja inzwischen so etwas wie die Galionsfigur des

Schuldenkampfs geworden. Kaum einer in der Schweiz, der meine Geschichte nicht kennt. Und weil ich geblieben bin und weitergekämpft habe, genieße ich immer noch großes Ansehen hier – als Boxer und Schuldenbekämpfer. Nach einer Umfrage kennen mich 75 % der Schweizer, und von denen mögen mich wiederum 90 %. Kein schlechter Schnitt für einen verschuldeten Boxer.

Prioritäten setzen

Hier noch eine ganz verrückte Geschichte: Innerhalb von zwei Jahren habe ich 15 Strafzettel gesammelt, alles Beträge zwischen 40 und 120 Franken, insgesamt knapp 1.000 Franken. Ich hatte in dieser Zeit jedoch »wirklich wichtige« Schulden zu begleichen,

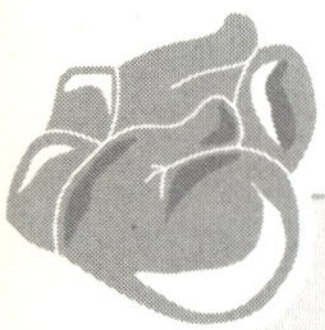

Tipp: Von der Mahnung zur Vollstreckung

Zahlen Sie eine Rechnung nicht, kommt die Mahnung – die erste, die zweite, die dritte. Zahlen Sie noch immer nicht, kann der Gläubiger einen Mahnbescheid erwirken. Dagegen können Sie innerhalb von zwei Wochen (in der Schweiz fünf Tage) Widerspruch einlegen, aber auch nur dann, wenn Sie die Forderung tatsächlich für ungerechtfertigt halten. Widersprechen Sie nicht, kann der Gläubiger einen Vollstrekkungsbescheid beantragen und Ihnen den Gerichtsvollzieher vorbeischicken. Spätestens jetzt sollten Sie sich mit einem Einspruch wehren. Dann prüft das Gericht, ob die Forderung zu Recht besteht.

auch kleine Raten, aber eben an Freunde und Bekannte, die mir Geld geliehen hatten. Die lagen mir wesentlich mehr am Herzen als der Kanton Zürich. Verständlich, aber dumm. Zwei Jahre später war diese Schuld auf 6.000 Franken angewachsen. Und das

hatte sogar seine gesetzliche Richtigkeit – obwohl sich solche Zinsen nicht einmal ein Geldverleiher der Mafia erlauben könnte. Als schließlich die Androhung der Haft kam – 30 Franken pro abgesessenem Tag, also 1 Monat Knast –, musste ich einsehen, dass ich einen schweren Fehler gemacht hatte. Eine Staatsbehörde ist einfach zu mächtig, um sich mit ihr anzulegen.
Ordnen Sie Ihre Verbindlichkeiten deshalb auch nach der Macht des Gläubigers. Rechnungen von Polizei und Finanzamt kommen nach oben, dann die Miet- und Energieaußenstände, Telefon, Versicherungen, die Banken, dann die Freunde.

»Man kann den Armen nicht helfen, indem man die Reichen vernichtet.«
Abraham Lincoln, US-Präsident

Checkliste: Prioritäten setzen

Stellen Sie ein Haushaltsbudget für Festausgaben auf und sortieren Sie Ihre Ausgaben nach Wichtigkeit, etwa so:

1. Miete oder Hypothek
2. Heizung und andere Nebenkosten
3. Kommunikation (Telefon, Internet, Porto)
4. Versicherungsbeiträge
5. Teilzahlungsraten
6. Mobilität (alles rund ums Auto, Nahverkehrskarten etc.)
7. Beiträge für Rundfunk/Fernsehen, Vereine und Parteien
8. Regelmäßig wiederkehrende Sonderausgaben wie Urlaube, Geschenke zu Geburtstagen und zu Weihnachten

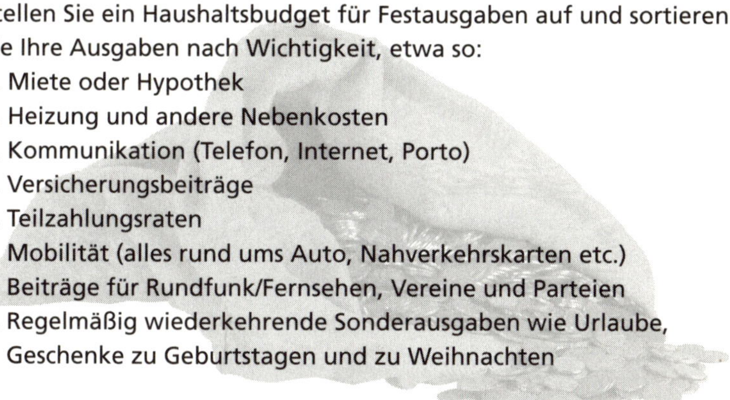

Wenn Sie wirklich einmal kürzen müssen, dann fangen Sie immer von unten bei Ihrer Prioritätenliste an.

Hätte ich gleich den persönlichen Kontakt mit der Behörde gesucht, in der zwar energische, aber ebenso einsichtige Damen sitzen, so hätten sie mir helfen können. Und sie hätten es auch getan! Also keine Angst vor Behörden: Fragen Sie, rufen Sie an, gehen Sie vorbei, schildern Sie Ihre momentane Lage und lassen Sie sich helfen. Staatliche Organe müssen Ihnen sogar helfen. Wenn es Ihr Sachbearbeiter nicht tut, wenden Sie sich an seinen Vorgesetzten.

»Meine persönliche Erfahrung mit Schulden? 6 Millionen Steuerschulden bei verschiedenen Finanzämtern!«
Ebby Thust, Boxer und Zocker

Mit Selbstvertrauen und Kampfgeist an die Schulden heranzugehen bringt neue Perspektiven. Nachdem Sie nicht mehr darüber nachgrübeln müssen, ob Sie wirklich so hoch verschuldet sind und ob nicht doch ein kleines Wunder geschehen könnte, haben Sie nun Ihre Position im Ring klargemacht: Sie sind ein Schuldner, aber Sie werden es nicht bleiben!
Mit dieser Einstellung kann man neu mit allen Gläubigern verhandeln, man kann sich auf seine Talente besinnen und man kann anfangen, ein persönliches Schuldennetzwerk aufzubauen.

Fragen und Antworten

Sie sollten sich Fragen stellen und gleich die Antworten dazu suchen – so wie ein Boxer im Ring ständig neue taktische Änderungen ausprobiert. Die Antwort liefert ihm sein Gegner dann prompt, oft handfester, als er sich das vorgestellt hat. Fragen Sie sich also: Kann ich meine Talente zur Schuldenbekämpfung einsetzen? Wo liegen meine Stärken? Was kann ich gut?
Zuhören? Zupacken? Sozial arbeiten? Zu jedem Talent werden Sie eine Beschäftigung finden: Gartenarbeit, Kinderbetreuung, Wäsche bügeln, Briefe schreiben, im Altersheim Besuche machen, sich um allein lebende alte Menschen kümmern, bei Steuererklärungen helfen, handwerkliche Tätigkeiten, Trost spenden, Computerkurse geben, Hunde ausführen …

»Geld ist eine feine Sache.«
Keith Richards, Rockmusiker

Gibt es Geschäftsideen, die ich neben meiner Arbeit verwirklichen kann? Sie können bei ebay, ricardo und ähnlichen Internetfirmen verkaufen, aber auch als professioneller Kundenbetreuer arbeiten. Sie können Finanzanlagen und Versicherungen verkaufen. Sie können Ihr Auto als fahrende Werbewand beschriften. Sie können einen Einkaufsdienst oder einen Frühstücksservice auf die Beine stellen. Sie

Tipp: Vorsicht bei unseriösen Jobangeboten!
Zweifelhafte Nebenjobs oder Angebote für »schnelles Geld« erkennen Sie unter anderem daran:
- dass der vermeintliche Verdienst bei geringem Zeitaufwand übertrieben hoch geschildert wird;
- dass nähere Informationen zum Job nur gegen Bezahlung zu erhalten sind;
- dass Sie Waren oder Schulungen bezahlen müssen, bevor Sie arbeiten können;
- dass die Tätigkeit sehr undeutlich beschrieben ist;
- dass der Inserent sich nicht zu erkennen gibt.

können Nachhilfe geben oder Sprachkurse organisieren. Es gibt tausend kreative Wege, einen zusätzlichen Gelderwerb zu organisieren – oft sogar eine Beschäftigung, die Sie mit neuem Elan erfüllt.

Regeln für den Nebenverdienst

Lesen Sie lieber Ihren Arbeitsvertrag noch einmal durch, denn vielleicht müssen Sie sich – wie alle Beschäftigten des öffentlichen Dienstes – Ihren Nebenjob vom Arbeitgeber schriftlich genehmigen lassen. Die Höchstgrenze von zehn Stunden Arbeit täglich

(Haupt- und Nebenjob zusammen) darf nicht überschritten werden. Wenn der Verdienst monatlich 400 Euro übersteigt, brauchen Sie eine zweite Lohnsteuerkarte. Der Hauptberuf darf nicht unter der Doppelbelastung leiden. Der Nebenjob darf nicht gegen das Wettbewerbsrecht verstoßen.

»Man darf kein Träumer sein, wenn man sein Geld im Schlaf verdienen will!«
Werner Mitsch, Aphoristiker

Wenn das alles geklärt ist, fragen Sie ruhig weiter: Kann ich einen größeren Kreis von Menschen zur Hilfe und Mitarbeit finden? Bauen Sie ein funktionierendes Netzwerk auf – das geht auch ohne Internet. Immer lächelnd und immer freundlich, das war letztendlich mein Rezept, um heute über eines der besten Netzwerke der Schweiz zu verfügen. Glauben Sie mir, ein Lächeln lohnt sich immer, denn es kommt stets zurück.

Kann ich überhaupt noch ohne Gegenleistung anderen helfen? Natürlich, denn die folgt dann nur umso prompter. Es gibt in jedem Bekanntenkreis viele Menschen, die sich gegenseitig gar nicht kennen, aber mit Sicherheit voneinander profitieren oder gar miteinander Geschäfte machen könnten. Und Sie könnten daran als Vermittler partizipieren.

Kann ich mit meinen Problemen an die Öffentlichkeit gehen? Ich als Ihr Trainer kann Ihnen nur zu mehr Offensivkraft raten. Gehen Sie an die Öffentlichkeit mit Ihren Schulden, doch sehen Sie diese Öffentlichkeit nicht als den kleinen Kreis, der Sie umgibt. Im Internet finden sich viele schreckliche Websites – wie Kinderpornografie oder Bauanleitungen für Bomben –, aber es finden sich noch mehr menschenfreundliche und hilfreiche Seiten. Sie können sich Selbsthilfegruppen anschließen oder eine eigene Gruppe initiieren. Sie können nach Beispielen für erfolgreiche Geschäftsmodelle suchen oder gar ein eigenes begründen. Schließlich haben Sie inzwischen Erfahrung mit Schulden. Warum nicht andere Menschen an Ihrer Erfahrung teilhaben lassen?

Ringpause

Die Pause werden Sie dringend nötig haben, denn es geht dem Endkampf entgegen. Tanken Sie so viel Energie wie möglich und versichern Sie sich der Rückendeckung: des geliebten Partners, stolzer Kinder, guter Freunde und solidarischer Kollegen. Jeder Boxer tut sich schwer, gegen schlechtes Publikum zu boxen, und jeder Schuldner tut sich schwer, wenn er das Gefühl hat, die ganze Welt ist gegen ihn. Lassen Sie sich von Ihrem Partner einmal so richtig verwöhnen, denn inzwischen wird er oder sie auch richtig stolz auf Sie sein, oder?

Die zweite Luft

»Haben Sie sich nie gefragt, ob der Erfinder des Bumerangs auch die Kreditkarte erfunden haben könnte?«
Wolfgang Weber, Investmentbanker

Bis zu dieser Runde nimmt die Erschöpfung üblicherweise immer mehr zu, aber in der neunten Runde kommt fast immer die »zweite Luft«. Das kennt jeder Radrennfahrer und jeder Marathonläufer, und das kennt man auch aus dem Alltag: Wenn der Hausbau nicht zu enden scheint, wenn man auf der Suche nach einem Partner schon aufgeben will, wenn die Diplomarbeit immer zäher vorangeht … dann kommt die zweite Luft. Man fühlt sich wieder frisch, dynamisch und angriffslustig. Man ist nicht mehr müde, man weiß, dass man es jetzt schaffen kann.
In der neunten Runde kann sich viel entscheiden. Wie hoch Ihre Schulden auch sind, wenn Sie die zweite Luft bekommen, kommt auch Hoffnung auf. Jetzt wird es Zeit, den Lohn aus den anstrengenden letzten Runden einzufahren. Was haben Sie dabei gelernt? Welche Erfahrungen haben Sie gemacht? Können Sie inzwischen offen über Ihre Schulden reden? Können Sie auch Menschen um Hilfe bitten, die Sie vorher nicht zu fragen gewagt hätten?

Wunder gibt es immer wieder

Sie lassen sich nicht unterkriegen. Sie haben Kraft getankt und Ruhe gefunden. Sie haben Prioritäten gesetzt und sich eine neue Perspektive im Schuldenkampf geschaffen. Und während Sie gar nicht mehr an ein kleines Wunder denken, können tatsächlich Wunder geschehen. Das Geheimnis ist nämlich, dass sie nur dann passieren, wenn man schon nicht mehr daran glaubt!
Mein schönstes Wunder war das Heizölwunder: Ich wusste, dass unser Öltank langsam leer sein musste, und beim Nachschauen erschrak ich nicht schlecht.

Wir hatten Mitte März 2003, und es war noch recht kühl draußen. Außerdem braucht eine sechsköpfige Familie auch warmes Wasser. Als ein Monteur wegen der Heizung beim Nachbarn vorbeikam, bat ich ihn, einen Blick in unseren Tank zu werfen. Er meinte: »Tja, guter Mann, zehn Tage, wenn Sie Glück haben, zwei Wochen, aber dann muss Nachschub her!«
Doch ich bekam nirgends Öl ohne Vorauskasse, und eine halbe Tankfüllung würde mindestens 1.500 Franken kosten. Wo sollte ich das Geld hernehmen?
Ich hatte keine andere Wahl, als das zu verdrängen, und ich sagte auch meiner Familie nichts, um sie nicht zu beunruhigen. Ich wollte so schnell wie möglich wieder zu Geld kommen und dann den Tank auffüllen. Aber die Zeit verging. Ich kämpfte an allen möglichen Schuldenfronten, stellte neue Jobs auf die Beine, arbeitete für meine VIP-Firma … und vergaß den Tank völlig.
Im Oktober erst ging das Öl aus, einen Tag nachdem ich eine lange erwartete Zahlung erhalten hatte. Ich konnte ganz cool Öl bestellen und auch gleich bezahlen. Seitdem glaube ich an meinen persönlichen Heizöl-Schutzengel.

»Behandle Geld stets wie rohe Eier, also sehr vorsichtig. Aber ab und zu muss man halt auch ein paar Eier in die Pfanne hauen!«
Erich von Däniken, Autor und UFO-Forscher

Kampfabbruch

Aber auch im Ring können Wunder passieren, etwa dass sich der Gegner die Hand verstaucht oder ein Cut ihn mit der Zeit so beeinträchtigt, dass der Kampf abgebrochen werden muss. Kampfabbrüche sind nichts Schönes. Sogar beim glücklichen Gewinner bleibt ein schales Gefühl zurück. Aber manchmal geht es nicht anders. Wer Schulden hat, kann ebenfalls in diese Situation kommen. Wenn er seine Lage ganz klar und objektiv betrachtet und einsehen muss, dass er dieser Schulden niemals Herr werden

kann, dass er nicht einmal die Zinsen dafür sicher aufbringen kann. Dann ist es Zeit für das Handtuch, und Gott sei Dank gibt es inzwischen auch bei den Schulden einen offiziellen Kampfabbruch: das Verbraucherinsolvenzverfahren.
Sind Haushalte so rettungslos überschuldet, dass sie sich außergerichtlich nicht mehr mit ihren Gläubi-

Tipp: Eröffnung des Insolvenzverfahrens

Ist der außergerichtliche Einigungsversuch gescheitert, müssen Sie dem Antrag auf das Insolvenzverfahren folgende Unterlagen beifügen:

1. Bescheinigung über das Scheitern der außergerichtlichen Einigung
2. Antrag auf Restschuldbefreiung
3. Detaillierte Übersicht über Ihr Einkommen und Ihr Vermögen
4. Schuldenbereinigungsplan
5. Erklärung über die Richtigkeit Ihrer Angaben
6. Abtretungserklärung für den Treuhänder
7. Antrag auf Stundung der Verfahrenskosten (nicht zwingend nötig)
8. Erklärung, falls Sie schon vor dem 1.1.1997 zahlungsunfähig waren

gern einigen können, dann sollte man sich das bestätigen lassen. Dafür kommen die Schuldnerberatungsstellen infrage, ebenso Rechtsanwälte, Notare oder Steuerberater.
Danach können Sie einen Antrag auf Verbraucherinsolvenz ausfüllen, den es bei den Landgerichten und Schuldnerberatungsstellen gibt. Ihre Gläubiger müssen Ihnen kostenlos eine aktuelle Aufstellung ihrer Forderungen zur Verfügung stellen. Danach wird das Gericht noch einmal versuchen, eine Einigung zu erreichen. Wird dieser neue Schuldenbereinigungsplan angenommen, wird nichts aus der Insolvenz. Dann müssen Sie die Schulden wie bisher abstottern. Wird er aber abgelehnt, beginnt die Eröff-

»Legt Euer Geld in Alkohol an! Wo sonst gibt es 40 Prozent?«
polnisches Sprichwort

nung des Verfahrens. Dabei werden alle Forderungen, die die verschiedenen Gläubiger an Sie haben, auf einen Treuhänder übertragen. Ihr pfändbares Sach- und Geldvermögen wird anschließend zur Schuldendeckung und für die Verfahrenskosten eingezogen, und Ihr Name wird mit Adresse und dem Grund (Insolvenzverfahren) in der Tageszeitung und im Internet bekannt gegeben. Das hat man früher »an den Pranger stellen« genannt. Doch die Gerichte stehen auf dem Standpunkt, was eine Firma vor dem Konkurs mit sich machen lassen muss, kann auch einem Privatschuldner zugemutet werden. So erfährt spätestens Ihr Arbeitgeber davon, möglicherweise auch Ihr Vermieter, was weitere Schwierigkeiten bedeuten kann.

»Geldgeschenke sind fantasielos. Vor allem kleine!«
Werner Mitsch, Aphoristiker

Wenn Sie eine Restschuldbefreiung beantragt haben und das Gericht dem zugestimmt hat, müssen Sie sich nur noch sechs Jahre lang anständig benehmen, und alles ist vorbei. Nein, ganz so leicht ist es nicht. In dieser Zeit müssen Sie bestimmte Auflagen erfüllen. Sie müssen sich Ihren Gläubigern gegenüber »wohl verhalten« – das heißt, Sie müssen eine angemessene Erwerbstätigkeit ausüben, und wenn Sie arbeitslos sind, müssen Sie jede zumutbare Ar-

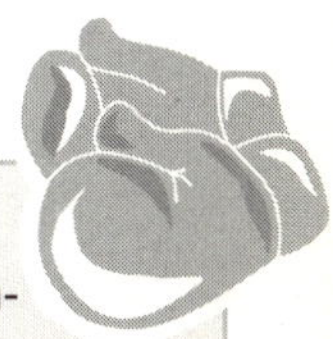

Tipp: Insolvenzverfahren für Selbstständige

Wer aktuell selbstständig ist, kann wie Privatleute seinen Antrag am zuständigen Insolvenzgericht stellen. Wer früher selbstständig war, kann einen solchen Antrag nur stellen, wenn er:

1. insgesamt mehr als 19 Gläubiger hat;
2. Schulden aus Arbeitsverhältnissen hat, etwa an einen ehemaligen Arbeitnehmer, eine Krankenkasse oder das Finanzamt;
3. aus anderen Gründen unüberschaubare Vermögensverhältnisse hat, etwa mehrere belastete Grundstücke oder unklare Eigentumsverhältnisse an noch vorhandenen Wertgegenständen.

beit annehmen. Wenn Sie in diesen sechs Jahren etwas erben, müssen Sie die Hälfte davon dem Treuhänder abgeben. Sie dürfen in den sechs Jahren auch nicht einfach umziehen und den Arbeitsplatz wechseln, ohne es dem Treuhänder vorher mitzuteilen. Klingt ein bisschen so wie das Leben unter Bewährungshilfe, aber wenn man anders nicht mehr weiterkommt, muss man die Zähne zusammenbeißen. Das Gesetz hat übrigens eine kleine Motivation vorgesehen: Wenn Sie immer schön brav waren, dann dürfen Sie im fünften Jahr 10 % und im sechsten (und letzten) Jahr gar 15 % Prozent Ihrer pfändbaren Einkünfte behalten.

Schuldenfrei!

»Es gibt einen Traumberuf: Geldbriefträger. Sie lernen die Menschen von der angenehmsten Seite kennen.«
Werner Dollinger, ehemaliger Postminister

Nach diesen sechs Jahren befreit Sie das Insolvenzgericht offiziell von allen restlichen Schulden. Von fast allen – ohne Pferdefuß wäre das schließlich kein richtiges Gesetz! Was Ihnen nicht erlassen wird, sind: Geldstrafen, Bußen und Ordnungsgelder, Forderungen aus einer vorsätzlich begangenen unerlaubten Handlung (also Geldwäsche, Scheckbetrug oder Diebstahl) und die zinslosen Darlehen, die Sie möglicherweise bekamen, um die Kosten des Insolvenzverfahrens zu bezahlen. Denn man wird nicht gratis schuldenfrei. Wenn Sie das Geld nicht auftreiben, müssen Sie einen Antrag auf Stundung stellen, und das Gericht holt sich seine Unkosten dann vor den anderen Gläubigern.
Sollten Sie vor dem 1. Januar 1997 schon zahlungsunfähig gewesen sein, verringert sich die Wohlverhaltensfrist auf fünf Jahre – aber dann haben Sie wirklich einen langen Kampf hinter sich. Das Insolvenzverfahren ist inzwischen auch für Kleinunternehmer und Selbstständige möglich geworden.

Auf Sicherheit kämpfen

Das kann man in der zehnten Runde nur dann machen, wenn man tatsächlich vorn liegt. Das ist die Lehre, die ich aus meinen Boxkämpfen gezogen habe. Für das Thema Schulden bedeutet dies: Wenn endlich ein großer Geldbetrag reinkommt, stecke ich ihn nicht sofort komplett in meine Schulden. So habe ich es nämlich die ersten Jahren gemacht – gewissenhaft und brav, aber auch schrecklich doof. Es hat keinen Sinn, sofort so viele Rechnungen wie möglich zu begleichen, möglichst viele Gläubiger zufrieden zu stellen und eine gute Figur zu machen. Nein, es ist sogar sehr schädlich für jeden Schuldenfighter. Denn wenn das Geld gleich wieder weg ist, kommt bestimmt eine dringende aktuelle Ausgabe auf mich zu, und was bleibt mir zu tun? Ich muss wieder Schulden machen.

**»Der Erlkönig reitet durch Nacht und Wind …
Jetzt wissen wir endlich warum: Die deutschen Steuerbehörden waren hinter ihm her!«**
Marco Rima, Komiker

Schuldenrückzahlung einteilen

Ich teile das zu verteilende Geld in Prioritätenlisten ein, und zwar in »dringend zu bezahlen«, »gestaffelt nach den nächsten drei Monaten« und schließlich »eilt nicht« oder »Teilzahlung akzeptiert«.
Wenn dann bei meinen Veranstaltungen zum Beispiel 20.000 Franken eingehen, nehme ich 7.500 für dringende Zahlungen, lege 7.500 für Abzahlungen in den nächsten drei Monaten zurück und behalte 5.000 für »Leben und Unvorhergesehenes«. Damit und mit dem Zuverdienst meiner Frau hat meine Familie wieder mindestens drei Monate Sicherheit gewonnen. Und ich habe genügend Luft, um wieder neue Projekte anzugehen.
Es gibt Schuldner, die schon fast schuldenfrei waren – dann schlug das Schicksal (wie sie es gerne

nennen, dabei war es nur ihre eigene Unvorsichtigkeit) gnadenlos zu und beförderte sie in den Ausgangszustand zurück. Wenn Sie ab und zu »Mensch ärgere dich nicht« spielen, kennen Sie das wahrscheinlich. Kurz vor dem erlösenden sicheren Hafen werden Sie von einem Familienmitglied eingeholt und wieder auf den Anfang gesetzt. Beim Boxen kannst du ein Ding genau auf den Punkt kriegen, oder du brichst dir das Nasenbein, obwohl du bereits auf der Siegerstraße warst. Ich weiß übrigens auch nicht, warum jeder Zweite glaubt, alle Boxer hätten sich das Nasenbein entfernen lassen. Wenn ich von jedem, der schon einmal auf meine Nase drücken wollte, um das zu überprüfen, Geld verlangt hätte, wäre ich wahrscheinlich nie zu Schulden gekommen. Im Ernst, es kann immer etwas Unvorhergesehenes passieren, und genau für diese Fälle müssen Sie sich Reserven schaffen.

Tipp: Nichts verschenken!
Schenken Sie dem Finanzamt nichts. Machen Sie auf jeden Fall einen Lohnsteuerjahresausgleich, wenn Sie auf Lohnsteuerbasis arbeiten. Wer schnell eine Finanzspritze braucht, kann bei professionellen Job-Agenturen seine Ansprüche abtreten und bekommt den ihm zustehenden Anteil sofort ausbezahlt – natürlich abzüglich einer meist reichlich bemessenen Bearbeitungsgebühr.

Das ist das Thema dieser Runde: Werden Sie angesichts eines baldigen Endes nicht unvorsichtig und fangen Sie nicht plötzlich an, den Gegner zu unterschätzen. Wenn nur noch die letzten paar Raten fehlen, glauben die meisten, jetzt könnte kaum noch etwas schief gehen.
Ich sprach regelmäßig meinen Banker darauf an,

dass ich nicht länger bereit sei, 5,5 % Hypothekenzinsen zu bezahlen, nur weil ich angeblich ein »schlechter Risikofaktor« für die Bank sei. Man hatte meinen Zins auf diesen unverschämten Satz eingefroren, obwohl zwischenzeitlich Zinsen unter 2 % angeboten wurden. Klar, für Menschen, die sich abrackern, um ihre Schulden brav zurückzuzahlen, kann man ja als Anreiz den dreifachen Zinssatz nehmen! Aber das interessierte meinen netten Banker überhaupt nicht, und er schlief deswegen bestimmt nicht schlechter. Ich ließ es darauf ankommen und zahlte einfach nicht mehr.

»Im Kapitalismus gibt es Leute, die bereit sind, für Geld alles zu tun. Im Sozialismus tut man auch für Geld nichts!«
kubanisches Sprichwort

Immer eine zweite Option haben

Was nun passieren würde, war klar – einem Profischuldner wie mir jedenfalls musste es klar sein: Mahnung eins, zwei und drei, der Mahnbescheid und dann die Vollstreckung. Alle Gespräche nützten nichts, und der Gerichtsvollzieher Herr S., ein wirklich herzensguter Mensch, der mir viel geholfen hat, musste wohl oder übel die Hausversteigerung im Amtsblatt ausschreiben. Oje, jetzt wurde es eng! Was nun??? Meine Kinder fragten mich inzwischen verunsichert, ob es denn wirklich wahr sei, dass unser Haus versteigert werde, wie man sich in der Schule erzählte. Ich versprach ihnen, dass es dazu nicht kommen würde.
Angriff ist die beste Verteidigung, das weiß jeder Boxer. Also ging ich zur Konkurrenzbank und ließ mein Haus dort schätzen. Dann entwickelte ich eine Strategie, wie ich über die Medien auf die neue Bank aufmerksam machen und gleichzeitig die alte Bank blamieren könnte: »R-Bank, die Bank des kleinen Mannes – von wegen!« Der Direktor der neuen Bank war einverstanden und machte mir ein gutes Angebot.

»Wenn man bei der Bank 10.000 Euro Schulden hat, hat man ein Problem. Wenn man 10 Millionen Euro Schulden hat, hat die Bank ein Problem.«
Jürgen Schneider, Immobilienspekulant

Natürlich hatte ich dafür gesorgt, dass der »alte« – zu dieser Zeit mein Intimfeind – davon Wind bekam. Zähneknirschend bot er mir drei Tage vor der angesetzten Versteigerung einen Zinssatz von 2 ,5 % an, wenn ich 56.000 Franken aufbringen könnte. Innerhalb von 72 Stunden pumpten meine Frau und ich alle Leute an, die wir kannten, und schafften es gerade noch rechtzeitig. Am selben Nachmittag wurde die Versteigerung abgesagt. Ein kleiner Sieg, zugegeben, aber Sie sollten daran denken, dass Sie den Banken nie völlig ausgeliefert sind. Wenn Sie das deutliche Gefühl einer ungerechten Behandlung haben, äußern Sie das, wenn möglich gleich an höchster Stelle Ihrer Zweigstelle. Wenn das nichts fruchtet, nehmen Sie Kontakt mit der Bankzentrale auf, fragen Sie beim Verbraucherschutz nach und lassen Sie sich von der Schuldnerberatung unterstützen.
Bluffs wie meiner funktionieren nur, wenn Sie etwas anzubieten haben, was eine Bank grundsätzlich interessiert. Das kann ein Haus sein, das noch finanziert werden muss, das können Grundstücke sein,

Das Girokonto – gefährlich schnelles Geld!
Nehmen Sie einen Dispokredit für kurzfristige Bedürfnisse nur wahr, wenn Sie absolut sicher sind, dass er mit der nächsten Gehaltszahlung wieder ausgeglichen ist – Sie aber auch noch Ihre monatlichen Fixkosten und Lebenshaltungskosten bezahlen können.
Lesen Sie Ihre Kontoauszüge regelmäßig und genau durch. Viele Menschen in »finanziellen Schieflagen« (ein schönes Wort aus dem Sprachschatz der Banker) kontrollieren ihre Auszüge nicht sehr aufmerksam, meist nur schnell und mit zusammengekniffenen Augen. Aber nicht hinsehen hilft nicht. Außerdem bemerken Sie dann mögliche Fehlbuchungen der Bank nicht – und wenn Ihre Bank einen Fehler macht, kann das die nächste Kreditverhandlung sehr vereinfachen.

die möglicherweise einmal Bauland werden – aber das kann auch der gute Name einer Bank sein, der bei einer Diskussion in den Medien leiden könnte.

Bleiben Sie am Ball – aber fair!

Verlieren Sie auch jetzt nicht den Kontakt zu Ihren Gläubigern, melden Sie sich regelmäßig, auch wenn Sie glauben, Sie hätten das jetzt als »zuverlässiger Schuldner« nicht mehr nötig. Im Gegenteil: Jetzt besteht die gute Chance, mit einem Schlag wieder schuldenfrei zu sein.

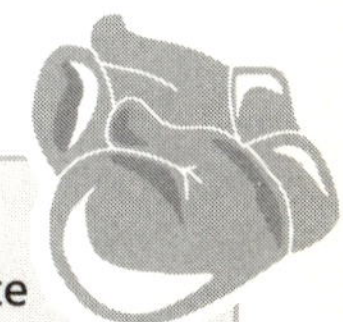

Tipp: Teuer und riskant!
Lassen Sie die Finger von Rahmenkrediten, bei denen keine feste Laufzeit vereinbart ist und bei denen sich der Kunde immer wieder bedienen kann. Erstens sind sie teuer, und zweitens besteht die große Gefahr, dass man den Überblick über die »wahre« Verschuldung verliert.

Etwas aus der Boxwelt: In den alten Boxerfilmen sieht man doch immer wieder diese gut angezogenen Herren im Hintergrund sitzen, die eigentlich nie auffallen. Sie sind es, die die Fäden ziehen, die das Geld haben und auf Sie wetten – und manch einen von denen haben Sie vielleicht schon reich gemacht. Diese Leute haben Sie bereits beim Training beobachtet und sie schauen Ihnen jetzt zehn Runden konzentriert zu, aber das Wichtigste ist: Die bewerten Sie! Nennen Sie sie symbolisch einfach Ihr Gewissen. Jetzt wird über das gute Gewissen zu reden sein. Es geht keinen etwas an, was Sie tun oder nicht, nur Ihr Gewissen, denn es wird eines Tages mit Ihnen abrechnen. Wenn einem das Wasser bis

zum Hals steht, greift man manchmal nach jedem Rettungsring. Jetzt geht es darum, dass man die Nerven behält und angesichts seiner Schulden keine anderen Menschen in Schwierigkeiten bringt.
Eine auf den ersten Blick ganz leichte Art, Sicherheiten für einen dringend benötigten Kredit zu bekommen, sind Bürgen. Eine nicht näher bezeichnete Bürgschaft ist immer eine »Ausfallbürgschaft«, das heißt, der Bürge muss zahlen, wenn es der Schuldner nicht kann und wenn auch eine Zwangsvollstreckung erfolglos war. Viele Banken verlangen heute aber eine »selbstschuldnerische Bürgschaft«, was bedeutet, dass es dem Gläubiger von vornherein freisteht, sich beim Schuldner oder beim Bürgen zu bedienen. Das ist eine äußerst gefährliche Art, für einen anderen den Kopf hinzuhalten, von der man nur abraten kann. Bei Schillers »Bürgschaft« wäre das so gewesen, als hätte der König dem braven Bürgen jederzeit den Kopf abschlagen können, nicht erst nach Ablauf der dreitägigen Frist.

**»Ich bin,
spricht jener,
zu sterben bereit
Und bitte nicht um
mein Leben:
Doch willst du
Gnade mir geben,
Ich flehe dich um
drei Tage Zeit,
Bis ich die
Schwester dem
Gatten gefreit;
Ich lasse den
Freund dir als
Bürgen,
Ihn magst du,
entrinn' ich,
erwürgen.«**
*Friedrich Schiller,
»Die Bürgschaft«*

Man sollte es sich daher gut überlegen, ob man einen guten Freund mit einer Bürgschaft belastet, auch wenn man sich hundertprozentig sicher ist,

Tipp: Bürgen entschulden

Wenn Sie ein Insolvenzverfahren durchführen, sollten Sie unbedingt auch mögliche Bürgen oder Mitschuldner entschulden. Die nötige Formulierung im Vertrag lautet: »Vom Vergleich sind auch die Forderungen der Gläubiger gegen Bürgen und Mitschuldner erfasst.«

dass ihm nie, nie etwas passieren kann. Das ist ein Denkfehler. Denn wenn unsere finanzielle Situation so wäre, bräuchten wir keinen Bürgen. Fairerweise dürfen wir nur solche Menschen zum Bürgen überreden, die unsere gesamte Schuldsumme jederzeit ohne Probleme zahlen können. Das sollte der Grundsatz des Bürgens sein – es darf nicht wehtun, wenn der Bürge doch einspringen muss!

Tipp: Bürgen oder Würgen?

1. Bürgen Sie niemals mit dem Zusatz: »Die Bürgschaft umfasst alle bestehenden und künftigen Forderungen ...«
2. Prüfen Sie als zur Zahlung aufgeforderter Bürge einer Ausfallbürgschaft immer zuerst, ob schon die Zwangsvollstreckung gegen den Schuldner stattgefunden hat.
3. Eine Mietbürgschaft ist genau wie die Mietkaution immer auf höchstens drei Monatskaltmieten begrenzt.

Außerdem: Wenn man eine Bürgschaft für einen guten Freund übernimmt und sich die Freundschaft eines Tages zerschlägt, ist damit keineswegs die Bürgschaft beendet. Bei Ehepartnern und nahen Angehörigen hat der deutsche Bundesgerichtshof diesen strengen Grundsatz jedoch gelockert.

Alles oder nichts

Das ist zwar nichts für Gläubiger, denen Sie freundschaftlich verbunden sind, aber es gibt ja auch andere. Und wenn die Ihnen in den letzten Runden das Leben schwer machen, versuchen Sie doch einfach das: Schreiben Sie dem Gläubiger einen Brief, in dem Sie ihm mitteilen, dass Sie – wie bekannt – Ihre Schulden bei ihm die letzten Monate oder Jahre brav und zuverlässig abbezahlt haben, dass Sie sich jedoch in der momentanen wirtschaftlichen Lage

»Schulden sind die Sklavenfessel der Freien!«
Publius Syrus, antiker Autor

immer schwerer tun und angesichts der Höhe Ihrer Schulden kurz vor der Pleite stehen. Sie haben noch eine gewisse Summe zur Verfügung – sie sollte etwa 15 bis 20 % der Restschuld betragen –, die Sie ihm als einmalige Abfindungszahlung anbieten. Es ist zwar etwas tricky, aber Sie können gleich einen Verrechnungsscheck über diese Summe mit in den Brief legen. Sollte Ihr Schuldner diesen Scheck auf die Bank bringen und einlösen, hat er damit Ihren Vergleich akzeptiert. Wie gesagt, das sollte nur eine Technik für unfreundliche und nervende Gläubiger sein. Das entspricht beim Boxen einem sauber herausgearbeiteten Niederschlag, und wenn Sie Ihr Geld nicht gerade einem Armen schulden – warum nicht? Er wird wie Sie froh sein, dass dieses Finanzkapitel endlich erledigt ist. Sie müssen allerdings auch davon ausgehen, dass er Ihnen nie mehr etwas leihen wird. Aber sollten wir nach einer solchen Erfahrung nicht grundsätzlich beschließen, dass die Zeit der Schulden für immer vorbei ist?

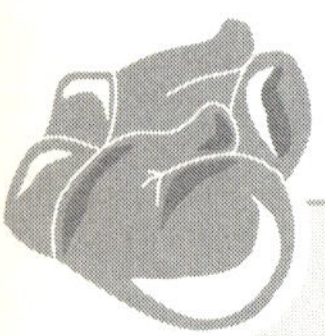

Tipp: Radikale Entschuldung!

Bei Auseinandersetzungen mit unangenehmen Gläubigern, die weder Ämter noch Banken sind, muss man nicht zimperlich sein: Schicken Sie dem Gläubiger per Einschreiben einen handgeschriebenen Brief mit einem Vergleichsangebot. Legen Sie einen Verrechnungsscheck über diese Summe bei. Kopieren Sie beide Schriftstücke. Wenn der Gläubiger den Scheck einlöst, hat er die Vereinbarung anerkannt.

Wenn die radikale Entschuldung nicht klappt, können Sie eine andere Art der Restschuldtilgung anbieten. Das geht natürlich nicht bei Banken, Versicherungen und sonstigen Instituten, doch bei Privatpersonen kann kreatives Umschulden schon klappen. Überlegen

Sie, ob Sie Ihrem Gläubiger auch etwas anderes als Geld anbieten können. Hilfe beim Hausbau? Welche Fähigkeiten haben Sie, die der andere nicht hat, aber braucht? Kennen Sie einen Maler, Gärtner, Mechaniker oder eine Putzfrau, die Ihr Gläubiger dringend sucht? Das nennt man »kreatives Leutezusammenbringen«. Wenn Sie niemand kennen, der einen solchen Job übernehmen kann, stellt sich die Frage, ob Sie es nicht selbst machen könnten. Für den, der wirklich will, gibt es immer etwas zu tun!
Denken Sie daran, dass ein Schuldenverhältnis etwas sehr Intimes ist, fast so etwas wie eine Liebesbeziehung oder wenigstens eine sehr alte Freundschaft. Schulden schweißen den Schuldner und den Gläubiger eng zusammen – nur verstehen es die beiden meist als eine unangenehme Bindung. Sie kann jedoch auch positiv und kreativ sein.

»Sind die Schulden hoch genug, können sie getrost auch noch höher werden.«
mongolisches Sprichwort

Versuchen Sie allerdings so kurz vor der Zielgeraden nicht, die Restschuld durch einen schnellen Coup einzufahren. Lotto, Spielbank und Pyramidenspielchen funktionieren nicht, und es ist eine alte Croupierweisheit, dass der niemals gewinnt, der es wirklich nötig hat. Die Chance, vom Blitz getroffen zu werden, ist statistisch größer!

Ringpause

Der Trainer macht nichts lieber, als seinen Schützling darauf einzustellen, auf Sicherheit zu boxen. Denn dann weiß er, dass sein Mann nach Punkten vorn liegt, dass er gewinnt, wenn er nicht leichtsinnig wird und sich kein Ding einfängt. Das ist die taktische Einstellung: Konzentration, Augenmaß und keine spontanen Mätzchen. Zwei Runden noch, dann könnten Sie als Sieger aus dem Ring gehen.

Die Einsamkeit

»Wenn man 50 Dollar Schulden hat, so ist man ein Schnorrer. Hat man 50.000 Dollar Schulden, so ist man ein Geschäftsmann. Wer 50 Millionen Dollar Schulden hat, ist ein Finanzgenie. 50 Milliarden Dollar Schulden haben – das kann nur ein Staat.«
Donald Trump, Milliardär

Nicht nur der Torwart beim Elfmeter ist einsam, auch der Boxer in der elften Runde. Ob er es bis hierher gut oder schlecht gemacht hat, ob das Publikum auf seiner Seite steht, johlt und bereits den Sieg feiert oder ob es pfeift – jetzt ist die Zeit des Insichgehens gekommen.
Boxer sollten natürlich nicht zu sehr in der Innenschau versinken, sonst kriegen sie schnell ein paar aufs Kinn. Aber Schuldner dürfen das. Sie sollten es sogar.
Nun haben Sie sich schon so lange mit den Schulden herumgequält, dass ich gut verstehen kann, wenn Sie langsam aggressiv auf das Thema reagieren. Warum ich? Gibt es eigentlich kein anderes Thema? Warum kann ich nicht endlich meine Ruhe haben? Das ist so ungerecht!
Stimmt alles, aber in dieser Runde sollten Sie einmal an andere denken, nicht an sich. Vielleicht geht es Ihnen dann etwas besser – und vielleicht relativieren sich die Schulden ganz schnell.
Mir fällt dazu die Geschichte von Karim ein. Über eine Kinderhilfsstiftung betreute ich ein halbes Jahr lang einen todkranken 12-jährigen Jungen aus dem Kanton Zürich. Karim und ich redeten immer ehrlich miteinander, und im Gegensatz zu seinen verständlicherweise verzweifelten Eltern redeten wir auch über das Sterben als mögliches Schicksal. Eines Tages rief mich Karims Mutter mitten im Training in Hamburg an und sagte, dass die Ärzte ihr soeben mitgeteilt hätten, ihr Sohn sei wohl, nachdem er nun zwei Tage lang weder gegessen noch mit jemand gesprochen habe, »am Gehen«. Sie war völlig aufgelöst. Ich bat sie, Karim doch wenigstens rasch den Hörer ans Ohr zu halten, und ich redete auf ihn ein. Plötzlich flüsterte er in den Hörer, wo ich denn sei und

wann ich bei ihm sein könnte. Ich versprach meinem Freund, sofort am nächsten Morgen mit dem ersten Flug zu kommen und dann direkt zu ihm zu fahren. Als ich am Krankenhaus ankam, stand Karim im Eingang und begrüßte mich. Wir aßen gemeinsam Spaghetti und redeten viel an diesem Nachmittag, und ich lag noch lange neben ihm auf dem Bett. Gegen Abend bat er mich zu gehen. Nachts um halb zwei klingelte das Telefon, und ich fuhr wieder zu ihm. Karim starb in dieser Nacht in meinen Armen. Es war sein Wunsch gewesen, und sein Vater, ein strenggläubiger Moslem, gewährte diesen Wunsch seinem einzigen Sohn – welche Größe.

Ich habe mein Leben lang nie so geweint wie damals, aber dieses Erlebnis schenkte mir auch Kraft und Einsicht. Angesichts des Todes eines kleinen Jungen, der um sein Leben betrogen worden ist, sind Schulden lediglich banal. Es hat lange gedauert, bis ich nach diesem Erlebnis die Briefe und Mahnungen wieder ernst nehmen konnte, die zu einem Leben als Schuldner gehören. Karim ist mir seit diesem Tag der wichtigste Ratgeber geworden, denn ich habe durch ihn das Wesentliche im Leben entdeckt – und ich werde wohl nie wieder von etwas derart »Belanglosem«, wie es finanzielle Schulden sind, bedrückt sein. Ich weiß, das hört sich für jemand, der mitten im Existenzkampf steckt, unverständlich an. Aber dieser Existenzkampf ist nur ein Scheingefecht, das wirklich Wichtige muss man auf anderen Schlachtplätzen finden. Nicht im Ring und nicht beim Schuldenkampf.

Deshalb gebe ich Ihnen den guten Rat: Beginnen Sie in dieser Runde mit etwas Menschlichem, das Sie stark macht und weiterbringt. Sie können etwa bei einem der zahlreichen Kinderhilfswerke eine Patenschaft übernehmen, Sie können aber auch in Ihrer Nachbarschaft einem Menschen helfen, der gerade

»Gier macht den Menschen im Leben arm, denn die Fülle dieser Welt macht ihn nicht reich. Glücklich ist, wer ohne Krankheit, reich, wer ohne Schulden.«
chinesisches Sprichwort

Sie braucht. Keine Sorge, damit vergeuden Sie keine wichtige Zeit im Schuldenkampf. Damit gewinnen Sie das, worauf es wirklich ankommt: Kraft und Verständnis für die wesentlichen Dinge des Lebens.

Schuldlos oder schuldenfrei?

Das Ziel des Lebens ist es bestimmt nicht, einfach nur schuldenfrei zu sein. Dafür ist das Leben eine zu wichtige Angelegenheit. Es ist bequemer und lustiger, wenn man keine Geldprobleme hat – aber ein Ziel? In meiner Zeit im Ring und bei den Kämpfen gegen Banken und Gläubiger habe ich eher ein anderes Ziel gefunden: ein guter Mensch zu sein und ein anständiges Leben zu leben, offen und hilfreich. Dass es viel mehr solche Menschen gibt, als man denkt, hat unter anderem der unselige Artikel im »Blick« bewiesen. Sie erinnern sich: »Der Angehrn soll doch arbeiten gehen und nicht in der Zeitung betteln!« Dabei arbeitet ein Boxer mindestens so hart wie jeder Bauarbeiter. Aber die paar giftigen Anrufer waren nur die eine Seite der Medaille. Wir erhielten täglich Pakete mit Teigwaren, Kisten voller Gemüse, Gutscheine und Schokolade für die Kinder – und viele, viele Couverts mit kleinen Geldbeträgen. Unter den Spendern waren sogar ein paar Prominente, aber auch viele Menschen aus Altersheimen, Behinderte und Leute, denen es selbst nicht gut ging. Solidarität – das habe ich damals erfahren – findest du in erster Linie bei Schwachen und Benachteiligten. Und denen sollte man etwas zurückgeben, gerade jetzt, mitten im Schuldenkampf!

»Viele Menschen benutzen das Geld, das sie nicht haben, für den Einkauf von Dingen, die sie nicht brauchen, um damit Leuten zu imponieren, die sie nicht mögen.«
Walter Slezak, Schauspieler und Sänger

Der Sieg

Die letzten Meter sind die schwersten, aber auch die schönsten. Das weiß jeder Marathonläufer, jeder Häuslebauer, jeder Schüler beim Abitur, und das weiß auch jeder Boxer. Jetzt wissen auch Sie es. Die letzten Meter sind gefährlich, obwohl – und gerade weil – man das Ziel schon fast greifen kann. Im Ring ist es so, dass man der Ziellinie quasi entgegenfliegt und das Einzige, was einen jetzt noch stoppen kann, ein »Lucky Punch« des Gegners ist. Das wäre schrecklich, denn dann hätten die zwölf harten Runden nichts gebracht. Allein diese Vorstellung lässt manche Boxer in der letzten Runde die Nerven verlieren. Wenn sie dann leichtsinnig nach vorn gehen, kann es ihnen schnell passieren, dass sie sich ein Ding in letzter Minute einfangen. Deshalb – auch beim Schuldenbezahlen – Nerven bewahren und cool bleiben. Wenn Sie jetzt klug und besonnen handeln, wird Ihnen der Sieg nicht mehr zu nehmen sein.

»Geld verdirbt den Charakter – vor allem, wenn man keines hat.«
Sir Peter Ustinov, Schauspieler

Schuldige Schuldner

Jetzt fällt einem wieder ein, wie schwer es war auf dieser Strecke, wie viele Entbehrungen und welche Gewissensqualen es gekostet hat. Alles nur, um das verdammte Geld zurückzuzahlen, das man irgendwann einmal unbedingt gebraucht hat. Man kann oder mag sich oft gar nicht mehr daran erinnern, warum man es damals so dringend benötigte. Man denkt an all die großen Kreditbetrüger, die es geschafft haben, trotz immenser Schulden ein herrliches Leben zu führen – rechtlich zwar im Minus, aber real im glücklichen Plus. Solche schuldige Schuldner gibt es verschiedene: etwa die Kleinkriminellen, die mit falschem Ausweis ein Bankkonto eröffnen und einen Kredit beantragen. Eine Angelegenheit für die Kriminalpolizei. »Peanuts!«, würde Hilmar Kopper wahrscheinlich dazu sagen. Erinnern Sie sich noch? Vor zehn Jahren kreierte der damalige Chef der Deutschen Bank dieses Unwort des Jahres und spielte damit auf die unbezahlten Handwerkerrechnungen anlässlich der Schneider-Pleite an. Jür-

Tipp: Vorsicht bei Kreditvermittlern!

Wer sich unbedingt in die Hände von Kreditvermittlern begeben will (ich habe Sie gewarnt!), sollte wenigstens das beachten: Vermittlungsgebühren sind erst dann fällig, wenn die vereinbarte Summe tatsächlich an Sie ausgezahlt worden ist. Sollten Sie auf einen gewerblichen Schuldenregulierer hereingefallen sein, scheuen Sie sich nicht, Anzeige zu erstatten und die eingezahlten Beträge zurückzuklagen.

gen Schneider war auch nur ein Schuldner, aber die Herren von der Deutschen Bank (und die von 55 anderen Kreditinstituten) hätten ihn nie so genannt. Sie umschmeichelten ihn und streckten ihm insgesamt 5,3 Milliarden Mark vor. Sicherheiten? Dafür bestätigte eine von Schneiders Strohfirmen, dass ein zu bauendes oder zu renovierendes Geschäftshaus wahre Traummieten einnehmen würde – ausgerechnet mit gefälschten Grundflächen und manipulierten Mietverträgen. Daraufhin bekam die Schneider AG (die nur aus Herrn Schneider selbst bestand) ihren Kredit, mit dem neue Immobilienkäufe und Bauten finanziert wurden. Man kann nur spekulieren, ob Jürgen Schneider heute vielleicht das Bundesverdienstkreuz tragen würde, wenn der Deal geklappt hätte. Aber wieso kann so etwas passieren, fragten sich damals Millionen Menschen (und fragen es sich heute noch), wenn doch die Banken bei der Kreditvergabe so genau sind. Solche Pleiten schafft keiner allein, auch der begabteste Kreditschwindler nicht – da muss die Bank mithelfen. In diesem Fall waren die Kreditinstitute genauso gierig wie Schneider und ließen sich gutgläubig und kritiklos auf einen Menschen ein, der als Boxer wahrscheinlich nicht mal einen Kleinkredit bekommen hätte.

»Das ich meinen ersten Film gemacht habe, hatte rein mineralogische Gründe: Ich brauchte den Kies!«
Otto Waalkes, Komiker

Geld aus dem Internet

Zur Familie der Schlitzohren und Betrüger gehören auch die Kredithaie. Wer überschuldet ist, klammert sich an den letzten Strohhalm. Hunderttausende lassen sich von den Zeitungsannoncen dubioser Kreditvermittler verführen: »Kredit abgelehnt? Das muss nicht sein: Bargeld sofort. 4.000 Euro ohne Schufa-Auskunft.«
Analysen des Statistischen Bundesamtes zur Verschuldung der Privathaushalte belegen, dass Konsumentenkredite vor allem von Menschen in der ersten Lebenshälfte aufgenommen werden. Unter den fast drei Millionen überschuldeten Haushalten, von denen 7 % nicht mehr in der Lage sind, ihre laufen-

Tipp: Die Bank hat nur teures Geld
Wenn Sie einen schnellen Überbrückungskredit brauchen, müssen Sie nicht gleich zur Bank laufen. Wenn kein Freund oder Verwandter aushelfen kann (oder will), sollten Sie Ihren Arbeitgeber nach einem günstigen Darlehen fragen. Oft bietet er Ihnen sogar zinsloses Geld an, wenn der Grund für den Kredit für ihn einsichtig ist. Außerdem sollten Sie Wertgegenstände, die Sie nicht unbedingt brauchen, entweder beleihen oder zu Geld machen. Das könnte auch ein guter Anlass sein, die Wohnung einmal gründlich zu entrümpeln. Mit Flohmärkten lassen sich allerdings nur minimale Summen erzielen.

»Geld macht schön!«
Madonna, Popstar

den Verpflichtungen aus ihren Einkünften zu bestreiten, befinden sich zunehmend auch Haushalte aus der Mittelschicht. In einer Gesellschaft auf Pump, für die das Schuldenmachen normal ist, ist die Nachfrage nach angeblich unkomplizierter Kreditgewährung immer größer geworden. Das ruft eine steigende Zahl von unseriösen, manchmal sogar betrügerischen Kreditvermittlern auf den Plan. Das registriert jedenfalls die Gewerbepolizei. Neben Zeitungsannoncen werden verstärkt auch die Vorteile der modernen Technik genutzt. So beobachtet man in jüngster Zeit vermehrt Kreditangebote im Internet. Die Angebotspalette reicht häufig von Kleinkrediten, den so genannten Hausfrauenkrediten zwischen 3.000 Euro und 6.000 Euro, bis zu Kreditangeboten in Höhe von mehreren Millionen zur Existenzgründung. Nicht selten wird der Kreditsuchende zur angeblichen Absicherung des zu vermittelnden Kredits zu Abschlüssen von Lebensversicherungen, Bausparverträgen und Warentermingeschäften im Rahmen von Kapitalanlagen überredet. Viele Überschuldete befinden sich in einer Zwangslage und sind bereit, die vorgelegten Formulare ohne jegliche Überprüfung zu unterschreiben. Sie informieren sich nicht einmal über die Herkunft der Gelder. Es genügt ihnen zu erfahren, dass das Geld aus dem Ausland kommt und dass ausländische Geldgeber und Banken eher bereit sind, vermeintlich günstige Kreditkonditionen einzuräumen. Geldwäsche im internationalen Kredithandel?

Kleinbetrüger und Großbetrüger

Nach dem derzeitigen Ermittlungsstand des Bundeskriminalamts kann durch die Vorlage wahrheitswidriger Gehaltsbescheinigungen beziehungsweise die

Vorgabe nicht existenter Sicherheiten bei der Vertragsausfertigung das Opfer sehr schnell zum Täter werden. Doch sind solche Fälle eher die Ausnahme. Ein weiteres Problem sind die Vorschulden. Werden sie zu niedrig angegeben, kann der Kreditnehmer zum Kreditbetrüger werden.

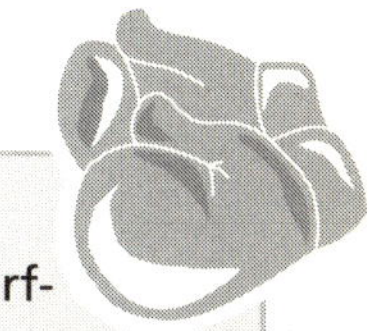

Tipp: Teilzahlungsbanken haben das teuerste Geld
Institute, von denen Sie durch Kleinanzeigen oder Postwurfsendungen erfahren und die »Blitzkredite ohne Aufwand« anbieten, haben meist nur das Kreditgeschäft und müssen sich ihr Geld selbst wieder ausleihen – natürlich bei ganz normalen Banken. Sie zahlen also zweimal Zinsen!

Aber angesichts des mehr oder weniger auf Betrug aufgebauten internationalen Finanzsystems kann man einem normalen Menschen solche Feinheiten schon gar nicht mehr zumuten. Die Staaten verschulden sich ohne Sicherheiten und nehmen für die Zinsen wieder neue Schulden auf. Internationale Konzerne verschulden sich absichtlich, damit sie keine Steuern zahlen müssen. Großbetriebe verschulden sich durch schlechtes Management und lassen sich vom verschuldeten Staat wieder retten. Mittelständler, Selbstständige und kleine Leute verschulden sich notgedrungen und werden von den Banken gnadenlos ausgenommen. Dazu kann ein Boxer nicht schweigen.

»Geld ist besser als Armut – wenn auch nur aus finanziellen Gründen …«
Woody Allen, Regisseur

Ich habe einmal einen Steuerbescheid über 10.400 Franken erhalten, der innerhalb von zwei Wochen zu bezahlen war. Wir haben uns gewehrt und mussten im Endeffekt nur 1.750 Franken bezahlen. Stellen Sie sich vor, wie manche alte Dame so was jedes Jahr anstandslos bezahlt, weil sie nicht den Mut hat,

»Gott, vergib mir meine Schuld. Meine Gläubiger weigern sich!«
Mark Twain, Schriftsteller

sich zu wehren. Wehren Sie sich immer! Sie können nicht mehr als nicht Recht haben, und dann können Sie ja immer noch bezahlen.

Einen Schnitt machen

Wenn uns Boxern in dieser Runde eine Wunde über dem Auge aufplatzt und der professionelle Schneider einen Cut machen muss, damit wir noch klar sehen können, denke ich auch an meine Schuldenkarriere. Nach dem Kampf gegen Thorsten May musste ich mit acht Stichen genäht werden. Spätestens in

Tipp: Die Zeit heilt viele Wunden

Schulden bestehen nicht in alle Ewigkeit, sondern sie können auch verjähren. Seit dem 1.1.2002 gibt es neue Verjährungsfristen:

1. Die normale Verjährungsfrist beträgt inzwischen drei Jahre. Zinsansprüche verfallen ebenfalls nach drei Jahren, auch wenn die Hauptforderung noch nicht verjährt ist.
2. Für vollstreckbare Titel (Urteile und Vollstreckungsbescheide) gelten immer noch 30 Jahre.
3. Zahlt der Schuldner aus Versehen auf eine verjährte Forderung, kann er das Geld nicht mehr zurückfordern.
4. Die Verjährungsfrist beginnt immer am Ende des Jahres, in dem der Anspruch entstanden ist.
5. Steuerforderungen des Finanzamts verjähren erst nach fünf Jahren.

dieser Runde müssen wir einen Cut machen, einen klaren Schnitt, der uns von all den Träumereien und unsinnigen Hoffnungen trennt, die uns vor langer Zeit zum Schuldner werden ließen. Wir können – anders als Regierungen und multinationale Konzerne – eben nicht mehr Geld ausgeben, als wir ver-

dienen. Wir können nicht mehr haben, als uns zusteht. Wenn wir das verstanden haben, wird uns dieser zweite Sieg mehr einbringen als der erste.
Auf der Zielgeraden verabschiedet man sich von sentimentalen Anhängseln und falschen Vorstellungen. Von den falschen Freunden haben wir uns längst getrennt. Das ist eine positive Begleiterscheinung des Schuldenhabens und Schuldenvernichtens. Jetzt können wir uns auch von den Dingen und Einstellungen trennen, die uns einst zu Schuldnern gemacht haben – von Naivität, Dummheit, Konsumzwang, Angeberei. Wir müssen nicht mehr überall mitmachen müssen, wir wollen nicht mehr zu schnell zu viel, wir halten die Risiken klein und verzichten auf mehr Schein als Sein.
Was haben wir gelernt? Dass Standhalten besser ist als Flüchten. Außerdem hätten wir uns sonst nie kennen gelernt, so wie wir das jetzt in diesen zwölf Runden getan haben, oder? Ich bin froh, Sie kennen gelernt zu haben, und noch mehr macht es mich glücklich, wenn Sie es jetzt allen gezeigt haben. Großartig! Sie werden nie wieder in die Schuldenfalle tappen!
Im Boxring kommt nun der Moment, wo man sich das zweite Mal so richtig in die Augen schaut – mit Respekt und Anstand, vor allem aber mit der Gewissheit, dass sich alles gelohnt hat.

»Glücklicherweise hatte ich noch nie richtig Schulden. Das kommt aber daher, dass ich immer nach dem Motto gelebt habe, dass man niemals mehr ausgeben soll, als man in der Tasche hat.«
Kai Ebel, TV-Moderator

Noch eine gute Nachricht

Es gibt keine Ringpause mehr. Höchstens, Sie wollen einen Rückkampf, weil Ihnen das Schuldenhaben so gut gefallen hat. Aber dann sind Sie unverbesserlich.
Noch etwas: Es wäre toll, wenn Sie Ihre Erfahrungen weitergeben könnten an:
www.stefanangehrn.ch/planb

Nie wieder Schulden

Wer immer wieder in die Schuldenfalle tappt, trägt einen destruktiven Zug in sich und sollte sich in einem Boxclub einmal so richtig vermöbeln lassen!

Wenn Sie sich nach unserem anstrengenden Kampf noch jemals verschulden, dann kann ich Ihnen nur einen guten Rat geben: Gehen Sie in einen Boxclub und lassen Sie sich richtig vermöbeln! Wer die Erfahrung einer lang dauernden Entschuldung hinter sich hat, wer einmal wirklich überschuldet war und wieder in dieselbe Falle tappt, der verdient einen anständigen Aufwärtshaken. Das muss einfach richtig wehtun! Haben Sie es immer noch nicht kapiert? Wer sich fahrlässig überschuldet, der ist nicht gut zu sich. Er kümmert sich nicht um das eigene Wohlergehen, geschweige denn um das der anderen. In diesem Leben – das zugegebenermaßen oft schwer zu meistern ist – fällt man immer wieder auf die Nase, wenn man der Realität nicht das nötige Augenmaß entgegenbringt, wenn man sich gehen lässt, wenn man die Verantwortung für sich und die Menschen um einen herum beiseite schiebt, wenn man sich selbst nicht annimmt und nicht mag.
Ich habe für Sie einen Trainingsplan zusammengestellt, damit Sie sich nie (oder nie wieder) überschulden. Vorher aber musste diese Lektion für Unbelehrbare sein. Boxer reden nämlich Klartext!

Ein Trainer fürs Leben

Suchen Sie sich zuerst einen Trainer, eine Kontrollinstanz, einen Freund, einen »Überlebenschef« und einen Motivator, dem Sie vertrauen und der kein Blatt vor den Mund nimmt. Diese Vertrauensperson soll nicht Ihr Leben in die Hand nehmen und Ihnen auch nicht sämtliche Entscheidungen abnehmen (schließlich brauchen Sie keinen zweiten Vater und keine zweite Mutter), aber er sollte Ihre Entschei-

dungen mit kritischem Wohlwollen begleiten. Es wäre sinnvoll, mit Ihrem Trainer ein Treffen pro Monat einzuplanen. Gehen Sie in ein Restaurant oder laden Sie ihn zu sich nach Hause ein. Mehr als ein gutes Essen und eine Flasche Wein sollte das Trainergehalt nicht betragen. In Krisenzeiten sollte man sich öfter sehen, vielleicht einmal die Woche.
Der Trainer sollte nicht nur solidarisch und kritisch sein, sondern auch etwas von der Materie verstehen. Gutmenschen und Schwätzer sind nicht gefragt. Er muss sein Leben und seine Finanzen im Griff haben, sonst taugt er nicht für Sie. Erzählen

Menschen, die es »nur gut mit uns meinen«, sind selten als Trainer begabt!

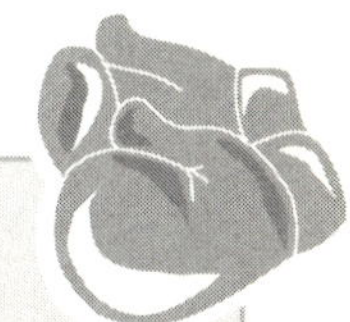

Trainingsphase 1: Trainersuche
Wer kommt für Sie infrage? Hat er Ahnung von Geschäften, Finanzen und Banken? Ist er selbst erfolgreich und ein Vorbild für Sie? Hören Sie auf seine Ratschläge? Halten Sie ihn für verschwiegen? Hat er wirklich die Standfestigkeit, Ihnen dauerhaft zu helfen?

Sie ihm alles, verstehen Sie ihn als weltlichen Beichtvater – und lügen Sie ihn nie an. Wenn er gut ist, wird er auch Ihnen immer die Wahrheit sagen, und die kann bekanntlich schmerzhaft sein. Wenn es manchmal wehtut, dann wissen Sie, dass Sie einen guten Trainer gefunden haben!

Training am Sandsack

Am Sandsack werden vor allem Härte, Kraft und Ausdauer trainiert. In Drei-Minuten-Intervallen werden verschiedene Schlagkombinationen einstudiert, bis sie perfekt sitzen, und zwar meist gegen Ende eines Trainings, wenn man sowieso schon müde ist.

Der Sandsack ist wörtlich genommen eine gute Art, sich zwischendrin mal auszupowern. Hängen Sie doch einfach einen solchen Boxsack im Haus oder auf dem Balkon auf und verausgaben Sie sich jeden Tag ein paar Minuten lang daran.

Lernen Sie »Nein« zu sagen – und überlegen Sie wenigstens jedes Mal lange, bevor Sie »Ja« sagen!

Im übertragenen Sinn entspricht die Arbeit am Sandsack dem Neinsagen, das Sie lernen müssen, wenn Sie sich nicht überschulden wollen.

Das fängt schon bei den Kindern an. Bringen Sie ihnen bei, dass man nicht alles haben muss, was gerade »in« ist, nicht jeden Konsumschmarren und nicht jedes neue technische Spielzeug. Bieten Sie Ihren Kindern als Ersatz lieber eine kleine Wochenendreise mit der Familie oder einen gemeinsamen Kinobesuch an. »Sich selbst anzubieten«, also mehr Zeit mit Kindern, lässt überflüssige Wünsche schnell vergessen. Erklären Sie ihnen, dass nur Angeber oder Verlierer es nötig haben, Statussymbole zu kaufen –

Trainingsphase 2: Härte und Ausdauer am Sandsack

Sagen Sie nicht zu schnell »Ja«. Meiden Sie Konsumentenfallen wie Outlets und Schlussverkäufe, wenn Sie gerade nichts brauchen. Schließen Sie keine Haustürgeschäfte ab. Kaufen Sie nur im Notfall mit Kreditkarte ein. Führen Sie ein Haushaltsbuch. Reden Sie mit Ihrem Partner und/oder Ihren Kindern vor jeder größeren Anschaffung darüber, ob sie wirklich notwendig ist. Lesen Sie Ihre Kontoauszüge!

und beherzigen Sie das bei sich selber auch! Sagen Sie »Nein« zu Frustkäufen, zu sinnlosen Hamstereien, zu Schnäppchen, die kein Mensch braucht, und zu Konsumfallen. Lassen Sie sich nichts aufschwätzen. Stellen Sie entweder allein oder mit dem Partner und der Familie eine Liste von zehn Dingen auf, die man in nächster Zeit »tatsächlich braucht«. Dann

Sagen Sie »Nein« zu allem, was Sie nicht wirklich brauchen.

streichen Sie davon die Hälfte. Was übrig bleibt, dürfte wirklich realistisch sein. Und wenn Sie sich daran halten, werden Sie sich niemals verschulden. Aber der Härtetest am Sandsack ist meist auch ein Gruppentraining. Wer allein lebt, verschuldet sich statistisch gesehen seltener als Paare oder Familien. Tragen Sie deshalb auch Streit und Meinungsverschiedenheiten aus – hart, aber fair –, denn es ist besser, vermeintliche Verschwendung im Vorfeld abzuwenden als hinterher zu kritisieren. Stellen Sie Finanzpläne und Budgets auf – kurz-, mittel- und langfristig – und arbeiten Sie klare Ziele für die Zukunft heraus. Wenn Sie kein gemeinsames Ziel finden, wird weder die Beziehung noch der Schuldenvermeidungskampf erfolgreich sein.

Auch die Beziehung wird am Sandsack erprobt. Oft ist es gerade die besondere Konstellation zwischen Menschen, die Schulden hervorbringt.

Konditionstraining

Kondition ist das A und O aller Dinge, auch bei den Schulden. Im Boxtraining beginnen wir anfänglich mit langen, aber nicht zu schnellen Waldläufen von acht bis zehn Kilometern, um den Körper an diese längere Belastung zu gewöhnen. Ebenso würde ich am An-

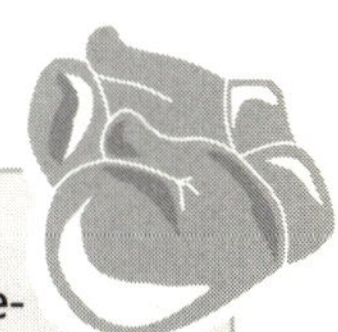

Trainingsphase 3: Ordnung und Durchhalten
Können Sie sich konzentrieren? Halten Sie auch längere Belastungen aus? Ist es Ihnen gelungen, in allen Lebensbereichen Ordnung und Übersicht zu schaffen? Kennen Sie Ihre Festkosten und haben Sie die veränderlichen Kosten im Griff? Machen Sie einen Kassensturz!

fang alles etwas gemächlich, dafür umso sorgfältiger erledigen, um etwas Routine zu bekommen und wenig Fehler zu machen. Bei der Schuldenvermeidung

heißt das erst einmal, sich einen Überblick zu verschaffen und viele Stunden Aufräumarbeit mit Sortieren und Ordnen. Bringen Sie Ordnung in Ihr Finanzleben. Machen Sie einen Kassensturz. Notieren Sie Ihre Festausgaben und Ihre veränderlichen Ausgaben. Behalten Sie einen langen Atem, wenn Sie in diesem Chaos für Klarheit sorgen. Sie werden unzählige Telefonate führen und sehr viele Papiere um- und einsortieren müssen, also holen Sie tief Luft!
Das Lauftraining sollten Sie übrigens nicht nur als Theorie verstehen. Es wäre für Ihre körperliche Kondition – und damit hängt die psychische und mentale Kondition eng zusammen – sehr gut, wenn Sie mindestens zweimal pro Woche eine halbe Stunde laufen. Sie können auch joggen oder walken, Rad fahren, schwimmen oder im Winter Langlauf machen. All das tut gut und bringt »neue Luft« in Kopf und Körper. Viele erfolgreiche Menschen laufen fast täglich, um dabei wieder klar denken zu können. Die besten Ideen kommen auch mir beim Waldlauf.

Schnelles Auge, gute Reflexe

Im Boxtraining trainiert man die Reflexe, indem man etwa zwei Meter vor einer Wand steht und der Trainer hinter einem einen Tennisball gegen diese Wand

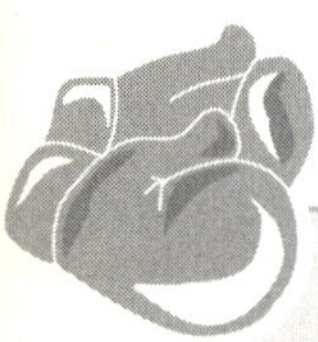

Trainingsphase 4: Reaktionszeit verbessern
Sie können das klassische Boxtraining mit dem Tennisball natürlich auch variieren: Spielen Sie Tischtennis, Badminton, ja sogar mit doofen Computerspielen wie dem »Moorhuhn« können Sie Ihre Reaktionszeit verbessern. Schnelligkeit und gute Reflexe kann man nicht nur im Ring gebrauchen. Sofort zu reagieren ist eines der Geheimnisse erfolgreicher Manager. Lassen Sie nichts mehr liegen!

wirft. Blitzschnelles Reagieren und volle Konzentration sind angesagt! Probieren Sie das einmal. Mit der Zeit werden Sie ebenfalls ein schnelles Auge für Ihre finanzielle Situation und für gefährliche Entwicklungen bekommen. Außerdem ist es oft sehr nützlich, den Kopf blitzschnell aus der »Schusslinie« ziehen zu können.

Nichts liegen lassen! Alle Briefe sofort öffnen! Kein: »Was du auf morgen kannst verschieben ...«

Bei drohenden Schulden gilt: Sofort reagieren vermeidet Ärger. Lassen Sie deshalb nichts liegen, nicht einmal die harmloseste Rechnung. Öffnen Sie alle Briefe sofort und lassen Sie es nicht zu, dass sich Rechnungen auf dem Schreibtisch stapeln. Selbst wenn Sie sie gerade nicht bezahlen können – reagieren Sie zumindest! Rufen Sie den Gläubiger an, machen Sie ihm ein Abzahlungsangebot oder unterrichten Sie ihn wenigstens davon, dass die Begleichung der Rechnung noch etwas dauern könnte. Legen Sie sofort Einspruch bei überhöhten oder unberechtigten Rechnungen und Forderungen ein. Halten Sie Einspruchsfristen ein. Schreiben Sie jeden Abend eine »To-do«-Liste für den nächsten Tag und versuchen Sie, diese auch sofort abzuarbeiten.

Beherrschung und Disziplin

Ihr Grundsatz im Leben, im Sport und bei Schulden sollte sein: »Der Körper macht nicht, was er will, sondern was du willst!« Lassen Sie sich nie anmerken, wie es Ihnen gerade geht – das ist eine der wichtigsten Regeln! Ahnen Ihre Gläubiger auch nur, dass Sie geschwächt sein könnten, werden sie Sie gnadenlos zerfleischen, weil jeder Angst hat, er könnte letztendlich leer ausgehen. Deshalb: immer lächeln, positive Ausstrahlung trainieren, das Alphatier markieren. Beim Boxen muss man immer die Ringmitte beherrschen, und das verlangt ebenso viel

Körperbeherrschung wie die Fähigkeit zu bluffen. Der Gegner muss es einfach akzeptieren, dass man der Chef im Ring ist – nur so kann man gewinnen! Zu Disziplin gehören auch Auftreten und Kleidung. Sie sollten immer so auftreten, wie es die Situation von Ihnen verlangt, jedoch niemals zu protzig. Anzug und Krawatte respektive für Frauen klassisches Kostüm, Hosenanzug oder nicht zu sehr dekolletiertes Kleid sind immer richtig. Aber übertreiben Sie nicht mit der Marke. Wer sich Armani-Klamotten ausleiht, signalisiert entweder, dass er das Geld eigentlich nicht braucht – oder dass er ein Betrüger ist.

Beherrschen Sie die Ringmitte und zeigen Sie jedem, dass Sie das Alphatier sind!

Ich war stets gut angezogen, wenn's darauf ankam, ansonsten eher lässig und schlicht, nicht modisch, weil ich keinen Wert auf Modetrends lege. Das suggerierte dem Gläubiger jedoch, dass ich armer Kerl mir einfach keine moderne Kleidung leisten kann,

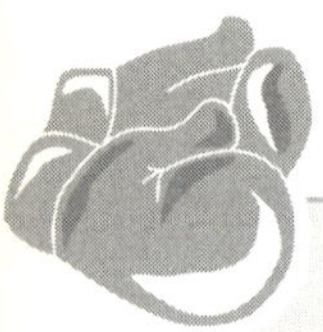

Trainingsphase 5: Wie man die Ringmitte beherrscht

1. **Strahlen Sie Siegesgewissheit aus.**
2. **Begegnen Sie jedem – auch und vor allem Ihren Gläubigern – mit einem Lächeln.**
3. **Machen Sie »eine gute Figur«. Pflegen Sie sich, kleiden Sie sich ordentlich und dem jeweiligen Anlass angemessen.**
4. **Sprechen Sie klar und deutlich und halten Sie keine Monologe.**

und gab ihm die Genugtuung, doch ein Menschenfreund zu sein. Dass Sie sauber und geruchsneutral auftreten, muss ich bestimmt nicht betonen, aber vor allem sollten Sie auf Ihre Fingernägel und Schuhe achten. Alle Leute aus der Branche haben dieselben Bücher gelesen und schauen zuerst auf die Schuhe und dann auf die Hände. Und es ist schon

mehr als ein Kredit an ungeputzten Schuhen oder dunkel geränderten Fingernägeln gescheitert!
Seien Sie immer freundlich und lächeln Sie. Jedes Lächeln bringt ein anderes zurück. Nur im Ring lächeln Boxer nie, auch wenn das wegen unseres Mundschutzes so aussehen mag. Denn wer lächelt, will nur zeigen, dass es nicht wehgetan hat. Das ist jedoch der Beweis, dass man gut getroffen hat!

Keine Angst vor dem Finanz-GAU. Stellen Sie ihn sich plastisch vor und ziehen Sie daraus Konsequenzen.

Sparring

Beim Boxtraining ist das die Stunde der Wahrheit – nur noch ein Kampf kann diese harten Minuten überbieten. Bein Schuldentraining sollten Sie den Kampf mit dem inneren Schweinehund aufnehmen. Legen Sie alle Ausgaben vor sich auf den Tisch. Stellen Sie ein »Worst-Case-Szenario« zusammen, das plötzliche Arbeitslosigkeit, Krankheit und Steuernachforderung beinhaltet. Wie sind Sie gewappnet? Wie viele Monate können Sie von Ihren Rücklagen

Trainingsphase 6: Sparring mit gleichwertigen Gegnern
Lassen Sie sich immer wieder auf Konflikte und Kontroversen ein. Bestehen Sie auch gegenüber Banken klipp und klar auf Ihrem Recht. Verlangen Sie von ihnen etwa eine Rückerstattung von Gebühren für nicht ausgeführte Aufträge und Scheck- und Lastschriftenretouren. Weichen Sie nicht aus, sondern setzen Sie sich persönlich und sofort mit dem jeweiligen Gegner auseinander.

leben? Wer kann Ihnen helfen? Diskutieren Sie solche Ernstfall-Szenarien mit Ihrem Trainer oder Steuerberater durch.
Außerdem müssen Sie stets drei Zahlen wissen, die

Sie sich als Training jeden Tag – immer wenn Ihnen das gerade einfällt – selbst abfragen sollten:

1. Wie viel Bargeld habe ich gerade bei mir?
2. Wie hoch ist die aktuelle Summe meiner offenen Rechnungen?
3. Wie viel habe ich im Moment auf dem Konto?

Suchen und akzeptieren Sie Ihre Grenzen.

Beim Sparring hilft nur Ehrlichkeit – wie beim Schuldenvermeiden. Seien Sie nicht nur zu den anderen ehrlich, seien Sie es vor allem zu sich selbst. Gestehen Sie sich Ihre Schwachstellen und Ängste ein. Nur dann können Sie daran arbeiten. Erkennen Sie die eigenen Grenzen. Alle werden Sie nicht verschie-

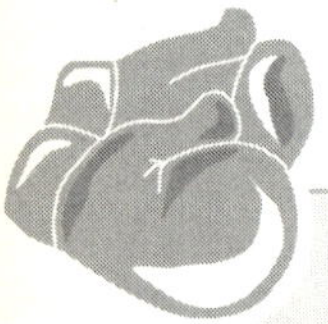

Trainingsphase 7: Motivation

Stellen Sie Belohnungslisten auf, wenn Sie Ihren Finanzhaushalt besonders gut im Griff haben oder gut vorgesorgt haben. Sind Sie noch verschuldet, setzen Sie sich für jedes nächste Monatsende ein klares Ziel: eine bestimmte Summe, die Sie bis dahin zurückgezahlt haben müssen. Finden Sie eine »Kampfmusik« für Ihre Motivation, die Sie immer beim Bearbeiten Ihrer finanziellen Unterlagen hören.

ben können, aber wenn Sie sie sich eingestehen, werden Sie sensibler auf eine Verletzung dieser Grenzen reagieren.

Ein weiteres Thema des Sparrings ist, dass man nicht mehr allein trainiert. Akzeptieren Sie , dass Sie auch als Schuldner nicht allein »im Ring« stehen. Es gibt Selbsthilfegruppen für Schuldner und Schuldengefährdete, und wenn Sie keine finden, dann gründen Sie doch einfach eine! Sie sind schließlich nach Ihren Erfahrungen und nach der Lektüre dieses Buches fast schon eine Schulden-Koryphäe. Zu solchen Gruppentreffen kann man Schuldnerberater einladen, Banker, Versicherungsvertreter oder Verbraucherschützer. Reden Sie über Ihre Erfahrungen als Schuldner und bieten Sie anderen Ihre Hilfe als Trainer an.

Motivation und Psyche

Wer angesichts drohender Schulden nicht motiviert ist, dem kann man auch nicht helfen.

Da kann ich nichts Neues erfinden: Wer angesichts drohender Schulden nicht bis in die Haarspitzen motiviert ist, dem ist nicht zu helfen. Der muss den Kampf wahrscheinlich tatsächlich einmal über alle zwölf Runden durchstehen. Fangen Sie wieder bei Seite eins an! Jeder sollte ein ganz klar definiertes Ziel haben, eine konkrete Zustandsbeschreibung, am besten mit Ort und Datum verfasst. Unterschreiben Sie dieses Dokument und hinterlegen Sie es, damit Sie sich später nicht mehr herausreden können und sich richtig unter Druck setzen. Eigentlich gilt ja: Je öffentlicher, desto besser. Aber es in der Zeitung zu veröffentlichen ist vielleicht doch zu viel des Guten.

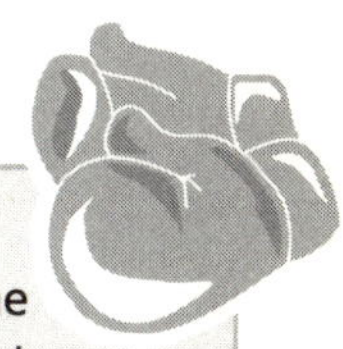

Trainingsphase 8: Sparen auf Teufel komm raus!
Alte Elektrogeräte können wahre Stromfresser sein. Elektrische Wasserkocher verbrauchen viel weniger Strom als eine Herdplatte. Kleine Wäschemengen sollte man von Hand waschen anstatt mit der Waschmaschine, die immerhin 20 % Ihres Stroms verbraucht. Sparlampen leben um einiges länger. Sparbrausen für die Dusche und Öko-Spülkästen für die Toilette sparen enorm Wasser. Telefonieren Sie mit Billigvorwahl und suchen Sie für das Internet eine günstige Flatrate.

Ich habe mir mit Mentalarbeit geholfen, wenn es um meine Motivation ging, mit Yoga, Meditation, Suggestionen und dem Visualisieren von Ängsten oder Lösungen. Alles, was Sie aus der Lethargie reißen kann und die aus Angst geborene Faulheit bekämpft, ist heilsam. Suchen Sie sich eine bestimmte »Kampfmusik« für den Stimmungswechsel, laufen Sie eine halbe Stunde, spielen Sie mit den Kindern »Mensch ärgere dich nicht« (übrigens ein wunderbares Therapiespiel für Schuldner) oder denken Sie einfach einmal über die Realitäten des Lebens nach. Da kann sich schnell Demut einstellen. Ich habe jedenfalls oft zu mir gesagt: »Ein paar hunderttausend Franken Schulden – das ist doch gar nichts! Echte Probleme habe ich erst, wenn eines meiner Kinder ernsthaft krank ist.« Zur Motivation gehört auch Beherrschung, körperliche wie seelische. Die Psyche spielt nicht nur im Ring eine wichtige Rolle. Und dazu zählt auch, dass man nicht alles bierernst nimmt. Humor ist meistens am heilsamsten, wenn man über sich selber lacht.

Zur Motivation gehört auch Beherrschung – körperliche wie seelische.

Spielen Sie mit Ihren Kindern oder – falls Sie zu der seltenen Gruppe verschuldeter Singles gehören – gehen Sie aus und lernen Sie jemand kennen, der Sie auf andere Gedanken bringt.

Sie können den Schuldenkampf darüber hinaus als wunderbare Gelegenheit für eine besondere Diät ansehen – die Boxdiät! Wir Boxer brauchen viel Spaghetti, Kartoffeln, Reis und andere Kohlenhydrate. Bei einem Boxkampf verliert ein Boxer zwischen zwei und vier Kilo Gewicht. Natürlich ist ein Großteil davon Wasser, aber etwa ab der achten Runde fängt der Körper an, die letzten Reserven abzubauen. Genauso sollte es auch bei den Schulden sein: Nehmen Sie das Ganze ein bisschen selbstironisch und machen Sie sich nichts daraus, dass Sie schon lange »auf Spaghetti« sind. Denn genau die haben Ihnen bis hierher das Überleben gesichert.

Stretching und Relaxen

Nach so viel körperlicher und psychischer Anstrengung haben Sie einen Ausgleich verdient. Und tatsächlich ist auch ein professionelles Boxtraining ohne Stretching und Ausruhen nichts. Führen Sie Verwöhntage ein oder wenigstens eine Stunde am Tag das Programm: Jetzt bin ich gut zu mir – und alle anderen dürfen es auch sein!
Versuchen Sie den 15 bis 20-Minuten-Schlaf zwischendurch einzuführen. Sie werden sich wundern, wie geistig fit Sie sein werden und wie wenig Schlaf Sie auf einmal nachts brauchen werden.
Mit der Kraft Ihres Geistes und der Imagination können Sie Grenzen überwinden. Dazu fällt mir ein, dass ich immer schon ein »Gfrörli« war. Im Deut-

Entspannung macht stark. Mit der Kraft der Gedanken können Sie tatsächlich die Realität beeinflussen.

Trainingsphase 9: Verwöhnen Sie sich!
Wenn Sie sich schon so beherzt und mutig dem Training stellen, haben Sie auch eine Belohnung verdient. Außerdem stärken solche »Wohlfühleinheiten« die Psyche. Realisieren Sie, dass Sie sich das jetzt wirklich verdient haben, und genießen Sie den Unterschied, der zwischen einem schnellen Frustkauf und einem ausgiebigen Wohlfühltag liegt. Gönnen Sie sich alles, was in Ihrer finanziellen Macht steht. Und laden Sie den Partner oder liebe Freunde dazu ein.

schen gibt es dafür anscheinend kein Wort; es meint jedenfalls einen Menschen, der sehr leicht friert. Und dann kam der Tag vor dem Madison Square Garden in New York. Ich musste anlässlich des WM-Kampfs Lennox Lewis gegen Evander Holyfield für das Schweizer Fernsehen draußen vor dem Eingang im Trägerleibchen stehen und die Moderation machen – und das bei minus fünf Grad und einem

»Dankbarkeit gehört zu den Schulden, die jeder Mensch hat, aber nur die wenigsten tragen sie ab.«
chinesische Weisheit

Schneesturm. Das Ganze sollte eine halbe Stunde dauern, also konnte ich mich entscheiden, entweder zu erfrieren oder mir einfach nichts anmerken zu lassen. Ich wählte Letzteres – und siehe da, seit jenem Tag habe ich nie mehr gefroren!

Lassen Sie sich für Ihre Verwöhntage stets etwas Neues einfallen. Einmal in der Woche sollte man gut essen, es muss ja kein teures Restaurant sein. Wenn Sie sich einen langen Urlaub gerade nicht leisten können, führen Sie kurze Ferien über verlängerte Wochenenden ein. Buchen Sie außerhalb der Saison, reagieren Sie spontan auf die enormen Schnäppchen auf dem Reisemarkt.

Doch trotz aller Verwöhnarbeit sollten Sie Ihre Probleme relativieren. Sehen Sie das Leben als eine ständige Baustelle an. Es ist normal, dass nichts fest und sicher ist. Dafür haben Sie nun ein handfestes Training hinter sich, und wenn Sie sich daran halten, wird Sie keine Schuldenfalle jemals mehr schnappen können.

Vergessen Sie über unserem Schuldentraining nicht, dass alle drei Sekunden irgendwo auf der Welt ein Kind stirbt, weil es entweder nichts zu essen oder zu trinken hat. Das sind Schulden, die wir alle haben.

ABC der Schulden

Amtsgericht

Wenn alle außergerichtlichen Einigungsversuche gescheitert sind, wird es Zeit für das Amtsgericht. Dort können Sie Ihren Insolvenzantrag stellen.

Auskunftspflicht

In einem Insolvenzverfahren sind Sie verpflichtet, Ihre wirtschaftlichen und sozialen Verhältnisse ehrlich und umfassend darzulegen. Dabei sollten Sie nicht schummeln – sonst könnte es Ihre Restschuldbefreiung kosten.

Außergerichtlicher Einigungsversuch

Bevor ein Schuldner einen Antrag auf Restschuldbefreiung stellen kann, muss er erst versuchen, sich mit Hilfe einer geeigneten Stelle (meist eine Schuldnerberatung, oder einem Anwalt) mit seinen Gläubigern außergerichtlich zu einigen.

Bonität

Die Kreditwürdigkeit des Kreditnehmers, also ob er der Bank für das Geld »gut« ist. Bonität kann durch Selbstauskunft oder Nachfrage bei der Schufa geprüft werden. Heutzutage kombinieren hochkomplexe Computerprogramme alle möglichen Daten des Kreditnehmers mit den Schufa-Auskünften und ermitteln so in Sekunden die Bonität. Wer etwa lange Jahre bei derselben Firma beschäftigt und noch dazu mit einem ebenfalls arbeitenden Partner verheiratet ist, gilt als seriös und bekommt hohe Bonitätspunkte. Je besser die Bonität und je kürzer die Laufzeit, umso billiger der Kredit.

Bürgschaft

Vertrag zwischen dem Bürgen und der Institution, die dem Schuldner Geld leiht. Der Bürge verpflichtet sich darin, für die Verbindlichkeiten des Schuldners geradezustehen.

Disagio Die Differenz zwischen der Darlehenssumme und dem tatsächlich ausgezahlten Betrag (der immer etwas kleiner ist) nennen die Banken Disagio, die Sparkassen Damnum. Dieser Betrag ist eigentlich nur eine Zinsvorauszahlung.

Eidesstattliche Versicherung Wurde früher Offenbarungseid genannt, und bedeutet, dass der Schuldner im Moment keine Mittel hat, um seine Gläubiger zu bedienen. Wenn alle Zwangsvollstreckungsversuche fruchtlos geblieben sind, kann der Gläubiger per Gericht den Schuldner zur Abgabe einer solchen Versicherung auffordern. In einer Eidesstattlichen Versicherung (E.V.) muss der Schuldner alle seine Einkommens- und Vermögensverhältnisse aufführen. Die E.V. kann an einem Insolvenzgericht abgelegt werden, inzwischen in der Regel jedoch beim Gerichtsvollzieher.

Fonds Eine Möglichkeit, die Gläubiger mit einer (meist geringeren) Einmalzahlung zufrieden zu stellen, bieten Fonds mancher karitativer Einrichtungen. Der Schuldner muss die Einmalzahlung natürlich an den Fonds wieder zurückzahlen, aber nur in kleinen Raten und zu besseren Konditionen.

Forderung Grundsätzlich der Anspruch eines Gläubigers gegen einen Schuldner, meist eine Geldforderung. Beim Boxen ist eine Forderung die Kampfansage an einen Gegner derselben Gewichtsklasse. In beiden Fällen eine Herausforderung, ob sie nun mit Fäusten oder Ratenzahlungen beglichen wird.

Gerichtsvollzieher Der Gerichtsvollzieher (in der Schweiz Betreibungsbeamter, in Österreich Exekutor) ist ein beamteter Schuldeneintreiber, der bei einer nachgewiesenen Zahlungsunfähigkeit eine Sachpfändung beim Schuldner vornehmen kann.

Gläubiger

Gläubiger nennt sich der, der dem Schuldner etwas geliehen hat. Das kann eine Privatperson ebenso wie eine Bank sein – beide »glauben«, dass sie ihr Geld wiederbekommen.

Gläubigerverzeichnis

Im so genannten Gläubiger- oder Forderungsverzeichnis müssen alle Gläubiger zusammen mit den gegen den Schuldner gerichteten Forderungen aufgelistet sein. Wichtiger Baustein bei der Erstellung eines Schuldenbereinigungsplans.

Grundbuch

Im Grundbuch ist aufgelistet, wer Eigentümer eines Grundstücks ist, ob es mit Grundschuld oder Hypotheken belastet ist und ob sonstige Lasten wie etwa Wegerechte oder Dauerwohnrechte eingetragen sind. Grundbücher werden in den Amtsgerichten geführt, und jeder, der ein »berechtigtes Interesse« anmeldet, kann Einblick nehmen.

Inkassobüro

Inkassobüros handeln entweder im eigenen Auftrag (wenn sie einem Gläubiger eine bestimmte Schuld abgekauft haben) oder im Auftrag des Gläubigers und versuchen, teilweise mit recht rabiaten Mitteln, den Schuldner zur Rückzahlung seines Darlehens zu überreden.

Insolvenzordnung

Seit dem 1.1.1999 ist in Deutschland die neue Insolvenzordnung in Kraft und hat die bisherige Vergleichs- und Konkursordnung abgelöst. Nun können auch Privatleute und Kleingewerbetreibende in Konkurs gehen (wie es große Unternehmen immer schon taten) und haben die Möglichkeit einer Restschuldbefreiung.

Lebenshaltungskosten

Darunter fallen alle privaten Ausgaben wie Nahrung, Kleidung, Energie, Telefon, Versicherungsbeiträge, Kosten für Auto und Ähnliches.

Offenbarungseid Siehe: Eidesstattliche Versicherung

Pfändungsschutz/ Pfändungsfreigrenze Viel kann einem zahlungsunfähigen (oder zahlungsunwilligen) Schuldner weggenommen werden, aber nicht alles. Er muss wenigstens so viel behalten dürfen, um ein »menschenwürdiges« Leben führen zu können. Pfändungsfreigrenzen beschränken den Zugriff der Gläubiger auf sein Gehalt und sind in einer Tabelle der Zivilprozessordnung festgelegt. Der Pfändungsschutz schützt bestimmte Sozialleistungen, ohne die der Schuldner in körperliche oder seelische Bedrängnis geraten könnte.

Privatkredite Privatkredite werden hauptsächlich für größere private Anschaffungen wie Autos, Wohnungseinrichtungen, Unterhaltungselektronik oder Reisen in Anspruch genommen. Bis zu den 80er Jahren des letzten Jahrhunderts hielt man sich mit größeren Anschaffungen zurück und kaufte meist nur auf Raten, wenn man einigermaßen sicher war, dass man sich die Anschaffung tatsächlich leisten konnte. In den letzten 20 Jahren haben die Privatkredite um 200 % zugenommen, nicht zuletzt deshalb, weil alle Banken und Kreditinstitute diesen Konsumkredit als interessante Einnahmequelle erkannt haben.

Ratenkredit Ein Drittel aller Deutschen zahlen im Augenblick einen Ratenkredit ab. Statistisch gesehen ist jeder Deutsche mit fast 14.000 Euro verschuldet – hauptsächlich wegen solcher Kredite.

Restschuld Die Höhe des Darlehens am Ende der vereinbarten Zinsbindungsfrist. Hilfreich zum Vergleich verschiedener Kreditangebote: Das Darlehen mit der geringsten Restschuld bei gleicher Kreditrate und Festschreibungsfrist ist das günstigste.

Restschuldbefreiung

Nur wer ein Insolvenzverfahren eingeleitet hat, kann einen Antrag auf Restschuldbefreiung stellen. Nach Ablauf einer sechsjährigen Wohlverhaltensphase wird er von allen restlichen Schulden befreit. Von der Restschuldbefreiung ausgenommen sind alle Forderungen aus kriminellen Handlungen und Geldstrafen.

Schufa

Hinter dieser Abkürzung verbirgt sich die »Schutzgemeinschaft für allgemeine Kreditsicherung«, von den Banken ins Leben gerufen, um sich vor zahlungsunwilligen und -unfähigen Schuldnern zu schützen. Die Schufa führt ein Register über jeden Bankkunden und legt es dem Kreditinstitut vor, das es um eine Schufa-Auskunft bittet. Natürlich muss der Schuldner das gestatten. Auch bei der Eröffnung eines Kontos oder der Beantragung einer Kreditkarte werden Schufa-Auskünfte eingeholt. Jeder Bürger hat jedoch das Recht, jederzeit eine Selbstauskunft über seine gespeicherten Daten einzuholen, was allerdings kostenpflichtig ist. Außerdem gibt es Fristen für die Löschung der gespeicherten Daten. Ein negativer Schufa-Eintrag behindert die jeweilige Person also nicht das ganze Leben lang.

Tilgung

Die vereinbarte Rückzahlung eines Darlehens. Meist werden feste Monatsraten und eine Gesamtlaufzeit des Kredits festgesetzt. Die Tilgung schließt die Kreditsumme, anfallende Bearbeitungsgebühren und die Zinsen ein.

Verbindlichkeiten

So werden Schulden bezeichnet, wenn man es nobler ausdrücken möchte. Die Verbindlichkeit bezeichnet eine Verpflichtung des Schuldners gegenüber seinem Gläubiger, wobei der Schuldner auch eine juristische Person, also eine Firma, sein kann.

Verbraucherinsolvenzverfahren

Ein langes Wort, eine gute Idee: Mit dem Verbraucherinsolvenzverfahren hat der Gesetzgeber eine Möglichkeit geschaffen, dass überschuldete Haushalte eine zweite Chance erhalten, eine schuldenfreie Zukunft nämlich. Und so läuft das Verbraucherinsolvenzverfahren ab: Am Anfang steht ein außergerichtlicher Einigungsversuch – der Schuldner soll sich also ohne die Gerichte mit seinen Gläubigern einigen.
Schlägt dieser Versuch fehl, kann der Schuldner gerichtliche Hilfe beantragen. Das Insolvenzgericht versucht eine gütliche Einigung zwischen Schuldner und den Gläubigern herbeizuführen.
Scheitert auch das, eröffnet das Gericht das vereinfachte Insolvenzverfahren und bestellt einen Treuhänder, der die von den Gläubigern angemahnten Forderungen auf ihre Berechtigung überprüft und pfändbare Vermögenswerte zur Gläubigerbefriedigung veräußert. Die nächste Stufe ist die »Wohlverhaltensphase«, die in der Regel sechs Jahre dauert und in der der Schuldner einer angemessenen Erwerbstätigkeit nachgehen muss und alle Abzahlungsvorgaben pflichtgemäß erfüllen sollte. Schafft er das, kann er in der letzten Stufe von seiner Restschuld befreit werden. Er ist dann endlich schuldenfrei und wird nach dieser Tortur wahrscheinlich nie wieder Schulden machen.

Vermögensverzeichnis

Dabei handelt es sich um eine Auflistung Ihrer Einkommensverhältnisse, Ihres Vermögens und um alle Ihre Forderungen gegen andere. Denn sogar Schuldner sind manchmal Gläubiger.

Verschuldung

Wenn Sie Schulden haben, nennt sich das Verschuldung. Wenn Sie die Raten nicht mehr bezahlen können, spricht man von Überschuldung. Spätestens dann sollten bei Ihnen die roten Lichter angehen!

Zins

Der Zins ist der Preis des Kredits. Je länger ein Kredit läuft und je schlechter die Sicherheiten des Schuldners sind, umso mehr zahlt man Zinsen ab und nicht den eigentlichen Kredit. Der Nominalzins ist der Zins, der auf das vereinbarte Darlehen tatsächlich zu zahlen ist.
Der effektive Jahreszins enthält neben dem Nominalzins auch Bearbeitungsgebühren, Kreditprovisionen, Disagio und möglicherweise sogar Vermittlungsprovisionen. Nur am Effektivzins können Sie erkennen, was Ihnen das Darlehen wirklich gekostet hat.
Und damit noch nicht genug, streichen Banken und Sparkassen von ihren Schuldnern auch noch Kontoführungsgebühren, Bereitstellungszinsen und Beiträge für die Restschuldversicherung ein, manchmal sogar Bürgschaftsprovisionen, Teilauszahlungszuschläge und Kosten für eine Zwischenfinanzierung.

Angaben zu Pfändung, Freigrenzen, Fristen und dem Ablauf der Privatinsolvenz beziehen sich auf aktuelles deutsches Recht. Eine in Details abweichende Rechtslage in Österreich und der Schweiz kann über die Websites auf der nächsten Seite erfragt werden.

Adressen Deutschland

»Was haben alle Schuldner als gemeinsames Haustier? Den Kuckuck.«
Thomas Stein, Musikmanager

Schuldnerberatungen

Bundesarbeitsgemeinschaft Schuldnerberatung:	www.bag-schuldnerberatung.de
Caritas:	www.caritas.de
Arbeiterwohlfahrt:	www.awo.org
Diakonisches Werk:	www.diakonie.de
Deutscher Gewerkschaftsbund:	www.dgb.de
Paritätischer Wohlfahrtsverband:	www.dpwv.de

Hilfreiche Organisationen

Verbraucherzentralen:	www.verbraucherzentrale.com
Stiftung Warentest:	www.stiftung-warentest.de
Die Aktivsenioren:	www.aktivsenioren.de
Bürgertelefon zum Nulltarif:	0800/15 15 15-0
oder im Internet:	www.bmgs.bund.de
Infotelefon »Ich-AG«:	01888/615 41 71
oder im Internet:	www.bmwa.bund.de

Adressen Österreich

ARGE Schuldnerberatungen: www.schuldnerberatung.at

Adressen Schweiz

Dachverband Schuldenberatung:	www.schulden.ch
Info-Portal Sozialwesen:	www.sozialinfo.ch
Verein Schuldensanierung:	www.schuldenhotline.ch
Jugendschulden:	www.plusminus.ch

Register